# 더 크래시
## THE CRASH

급락 시장에서
내 자산을 지키는
최강의
부동산 수업

한문도 지음

더 크래시

# THE CRASH

21세기북스

# 부동산 폭락, 재앙일까 축복일까

부동산 40% 폭락 얘기가 요즘 많이 나오고 있다. 그 폭락은 과연 재앙일까, 축복일까?

부동산 하락, 아니 정상화는 대한민국의 미래와 청년 세대와 후세들을 위해 분명히 축복이라고 생각한다. 지난 7년여 간의 부동산 가격 급등은 일부 투자자들과 금융기관, 건설사에게만 축복일 뿐 대부분의 1주택자와 무주택자에게는 전혀 도움이 되지 않았다. 주택 가격이 안정되어야 국가경제의 선순환이 이루어지고 국가발전을 도모할 수 있다.

2020~2021년에 '벼락부자', '영끌' 같은 단어가 나왔다.

부동산 가격 폭등으로 벼락부자가 된 사람들이 나타났고, 그런 사람들을 보면서 상대적 박탈감을 느낀 사람들이 '영혼까지 끌어모은다'며 있는 돈, 없는 돈을 모두 끌어모아 아파트를 샀다.

소득증명이 없어도, 신용카드만 사용해도 '인정소득'을 통해 금융기관에서 5억 원까지 전세보증금을 대출받을 수 있었고, 심지어 소득이 있다면 그 이상의 대출도 가능했다. 전세대출의 확대는 주택 매매 가격에 상방 압력을 줄 수밖에 없는데, 심지어 유주택자까지 전세대출을 해주니 이를 활용하는 갭투자족까지 가세하자 전세대출 확대와 갭투자, 갭투기 광풍이 불면서 시너지 효과가 발생했고 이는 전세가 폭등과 매매가 폭등으로 이어졌다.

특히 2020년 임대차 3법과 저금리시대라는 환경이 겹치면서 이미 일반 서민들이 부담하기 어려운 전세 가격이었음에도 불구하고 전세 가격은 더 상승하게 되었다. 이때부터 서울과 경기도 일대의 아파트 전세계약자의 70~80%가 추가로 대출을 받았다. 한마디로 대출이 쌓아 올린 전세 가격과 매매 가격이었다. 이런 폭등기에는 당연히 거품이 끼게 되고 언젠가는 꺼지게 되어 있다. 거품이 꺼지고 조정 국면으로 돌아가기 위해서는 시간이 필요한데, 우리나라 부동산이 하락으로 간다는 걸 세 가지 지표가 암시하고 있다. 바로 거래량 감소, 미분양 증가, 전세 가격 하락이다. 현재 벌어지고 있는 역전세 또한 대출이 쌓아 올린 전세 가격 거품이 꺼져가는 과정이다.

2021년 9월에 농협 사태가 일어났다. 농협에서 전세대출 한도가 소진됐다며 대출을 잠시 멈춘다고 발표한 것이다. 이는 경제 펀더멘털fundamental(경제 기초)이나 시장 펀더멘털에 뭔가 문제가 생겼다는 뜻이다. 그러므로 시장이 민감하게 반응했고 부동산 거래량도 급감하기 시작했다.

'합리적 기대 가설'이라는 이론이 있다. 사람들은 '이거 너무 비싸다', '내가 사기엔 부담된다'라고 생각하면 정책과 상관없이 매수를 줄인다는 것이다. 이런 현상이 거래량 급감으로 나타나기 시작한 것이다. 서울아파트 거래량은 2022년 2월에 810건으로 내려갔다가 그 후 600건까지 급감했다. 대한민국 통계 역사상 최저치를 기록한 것이다. 저금리 유동성은 필히 자산 가격 상승과 물가 상승을 가져오게 되어 있고, 미국의 금리 인상은 예정된 경제의 수순이었다. 2022년 하반기 미국 물가 급등으로 인해 이뤄진 단기간 내 급속한 금리 인상은 한국을 비롯한 전 세계의 금리 인상으로 이어졌다. 이는 결국 부동산을 비롯한 자산 가격 거품의 종식으로 나타나고 있다.

부동산 가격의 폭락, 아니 정상화는 대한민국의 미래와 청년들의 미래를 위해 절대적으로 필요하다. 이번 경제사이클의 부동산 가격 하락 조정은 '정상화 과정'이라고 보는 것이 맞다. 현대는 금융산업자본주의의 득세로 자산의 버블 현상이 심화되어가는 경향이 있다. 금융산업자본주의의 목적은 채무자를 많이 양산하고 극대화하는 것이다. 비정상적인 부동산 버블이 대한민국의 앞날을 막게 방치해서도 안 되고 휘둘려서도 안 된다. 자본주의의 한계로 경제는 불황과 호황을 반복할 수밖에 없다. 이러한 시대의 흐름에 역행하거나 무관심으로 대응하면서 당해서도 안 된다. 부동산 시장과 경제의 흐름을 알면 자산관리를 하는 데 도움이 된다. 우리는 분명 경제적으로 힘든 시기를 맞았다. 금리와 물가가 모두 오르고 경제침체기를 목전에 두고 있다.

그래서 부동산 시장을 파악하고 가까운 미래를 예측해서 적절하게 대응하는 방법을 이 책에 정리했다. 먼저 1부에서는 이미 시작된 집값 하락의 원인과 현재 상황을 분석했다. 2부에서는 향후 3년, 5년, 10년의 부동산 시장을 예측해보고, 3부에서는 중산층으로서 내 자산을 지키는 방법을 알아본다. 마지막으로 4부에서는 하락장을 기회로 이용해 어떻게 부동산에 투자해야 성공할 수 있는지 그 방법을 전하고자 한다.

이 책에서는 누구나 쉽게 경제와 부동산을 분석하고 예측할 수 있도록 기본적인 경제 지식과 부동산 시장을 파악하는 방법을 담았다. 책에 제시한 표나 그림을 인쇄해서 잘 보이는 곳에 붙여놓으면 지금 경제가 어디로 가고 있는지, 부동산시장이 어떤지, 어떤 준비를 해야 하는지 미래를 예측해서 적절하게 대응할 수 있을 것이다. 부디 이 책이 여러분의 소중한 자산을 지키고 효율적으로 활용하는 데 도움이 되었으면 한다.

2023년 3월
한문도

Contents

**2부**

# 향후 3년, 5년, 10년의 부동산 미래

**3부**

# 대한민국 중산층이 자산을 지키는 길

**4부**

# 급락을 기회로, 반드시 성공하는 부동산 투자 법칙

양적완화로 인한 거품이 꺼지면서
부동산 하락의 시간이 시작되었다.

# 1부

# 경험하지 못한
# 집값 폭락이 찾아온다

THE **CRASH**

## 01
## 거래절벽과 예정된 공급 폭탄,
## 이유 있는 하락

### 과도한 대출과 갭투자 광기의 종말

2021년 8월 24일 농협 가계대출 총량이 소진되어 전세 대출을 중지한다는 보도가 나오자 시장이 냉각되기 시작했다. 가계부채의 심각성이 표출되는 순간이었다. 서울 아파트의 거래량이 2021년 초 7천 건이던 것이 월 4~5천 건 대로 감소하다가 월 2천 건대로 반토막 나버렸다. 이어 하나은행, KB 등의 연이은 대출 중단이 발생하자 금융당국은 부랴부랴 가계대출 총량 연 6% 증가율이라는 큰 원칙을 깨면서까지 10월 18일 가계부채를 심화시키는 대출 재개를 시행했다.

'대출 빙하기'라는 용어가 언론에 노출되면서 시장은 거래량 감소라는 신호로 즉각 반응했다. '대출 빙하기'란 정부의 가계부채 심화를 막기 위한 것으로 전년 대비 5~6%의 범위에서 금융권의 대출 확대 정도를 감독하는 것을 말한다. 일본도 버블(거품)이 심했던 1980년대 말 이후 심각해지는 대출 문제를 조율하기 위해 대출총량제를 시행했다.

이는 당시의 높은 집값이 빚으로 쌓아 올린 집값이란 사실을 반증한 것이다. 건전한 금융관리 원칙을 깨면서까지 대출 재개를 행한 금융당국의 행보가 부동산 시장의 민낯과 속살을 보인 것이다. 대한민국의 부동산은 대출과 갭투자 광기로 쌓아 올린 비정상적인 시장 상태라는 것을 시장참여자 대부분이 공감하고 있었고, 주택 가격이 임계점을 넘어섰다는 사실은 거래량 급감한 지표로 나타나기 시작했다.

부동산 시장의 거품과 가계부채 증가의 심각성이 증명되면서 경험이 많은 기성세대는 신속하게 매각에 나섰으나 대부분의 초보 투자자, 영끌 세대들, 사회초년생들, 특히 2030세대는 언론의 근거 없는 기사를 그대로 믿으며 시장을 긍정적 혹은 탐욕적으로 보고 있었다. 언론의 근거 없는 기사와 대선 이슈, 부동산 호재가 시장의 하방 요인들을 잠재워버렸기 때문이다.

주택구매심리의 변곡점상에서 진행된 미국의 급속한 금리 인상은 부동산 하락을 본격화하는 직격탄이 되었고 폭락의 속도를 가속화하고 있다. 금리 인상이 여전히 진행형이란 사실은 향후 주택시장의 추가적 하락을 예고하고 있다. 주택 가격의 폭등을 이끌었던 저금리발 과도한 전세대출과 주택담보대출 그리고 갭투자 광기가 종말을 고한 것이다. 2022년 하반기 대한민국 전국 각지의 집값이 하락했으며 2023년에도 이어지고 있다. 특히 수도권에서 폭락 현상이 확산하고 있다. 2030세대들이 한 번도 경험하지 못한 부동산 하락의 긴 시간이 이제 시작된 것이다.

2023년 1월 3일 정부는 부동산 활성화, 아니 투자 투기까지 우려될 수준의 규제 완화 정책을 전방위적으로 해제했다. 그런데도 시장에는 여전히 상승 반전의 기미가 안 보이고 하락세를 이어가고 있다. 하락 폭을 줄이고 있다고는 하나, 대대적인 규제 완화로 인한 일시적인 반등이 있을 뿐 중장기적 하락이라는 대세를 거스를 수는 없을 것이다.

세간에 회자되었던, 단군 이래 최대 세대수의 대단지 (12,032세대)인 둔촌주공 올림픽 파크포레온의 청약 결과는 저조한 성적을 나타내었고 결국 청약계약률 미공개라는 답답한 결론을 내렸다. 이로써 시장의 불확실성과 하락에 대한 지향성이 지속되고 분양 가격은 물론 '집값은 아직도 여전히 비싸다'라는 사실이 재각인되었다.

정부의 연착륙 명분 아래 시행된 대대적인 규제 완화는 건설사와 다주택자 투기자들에게는 호재이나 대다수의 1주택자와 무주택자 그리고 대한민국의 미래에는 도움이 될 수 없다고 본다. 거품이 낀 자산은 필히 조정될 수 밖에 없다. 이는 역사적으로 되풀이되어온 사실이다.

## 서울 아파트 거래량의 하향세

주택시장의 상승과 하락은 어떻게 예측할 수 있을까? 전통적으로 거래량 변화, 전세 가격 변화, 미분양분의 증감이라는 세 가지를 체크하면 시장방향성을 예측할 수 있다. 세 가지를 차례로 살펴보자.

우선 거래량의 변화, 특히 추세적(시계열해석) 변화를 보면 예측이 가능하다. 거래량이 적정기준 아래로 떨어지고 지속적으로 감소하면 가격 하락의 선행 신호로 볼 수 있다. 반대로 거래량이 평균거래량을 상회하기 시작하면 부동산 시장은 상승장에 돌입한 것으로 보아야 한다.

아래의 서울 아파트 거래량 추이를 보자. '영끌(대출은 물론 영혼까지 끌어모아 집을 구매하는 것)'이라는 자극적인 문구가 온 언론을 지배하면서 수요자들의 불안감과 공포

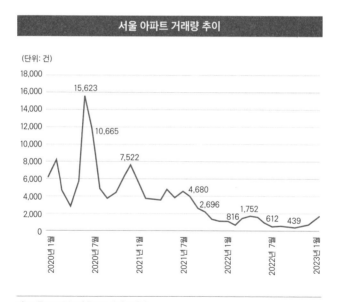

서울 아파트 거래량 추이

(단위: 건)

자료: 국토교통부 서울부동산정보광장

심이 극대화되던 2020년 6월의 한 달 거래량이 역대 두 번째 최대인 15,623건을 기록했다. 어마어마한 거래물량이 터진 것이다. 임대차 3법이 시행될 예정인 2020년 8월에 전셋값이 폭등할 것이라는 일부 언론의 과도한 불안 공포 마케팅이 가세하면서 엄청난 주택 가격 상승과 함께 거래량 폭발로 나타났다.

그다음 달인 7월까지도 1만 대로 거래량이 무척 많은데, 바로 다음 달인 8월에는 6천 대로 꺾이더니 그다음 달은 4천 대로 감소했다. 그리고 가을 이사 철이 되면서 2021년 입주물량 부족으로 주택 가격이 폭등할 거라는 기사가 넘쳐나자 시장은 다시 한번 들썩이는 듯했다. 그러나 과도하게 급등한 가격을 받아줄 수요자가 없었기 때문에 거래량은 지속적으로 감소하기 시작했다.

2021년에 들어서면서 서울 아파트의 거래량은 급감하기 시작했다. 서울의 2006년부터 2020년까지의 월 평균 거래량은 6천 건 대인데 반해, 2021년 서울 아파트 월 거래량은 7, 8월 4천 대로 감소하다가 9, 10월에는 2천 대, 11월, 12월 연말에는 1천 대로 주저앉는 거래절벽 상황이 되었다.

이때부터 시장에는 하방 압력이 거세게 나타나고 있던

것이다.

2022년 2월에는 결국 1천 건도 안 되는 816건이라는 거래절벽 상황이 나타났다. 주택 가격이 하락한다는 확실한 선행 신호였으나 시장이 하락할 것이라는 언론보도는 찾기 힘들었다. 대신 연일 신고가를 갱신했다는 기사가 넘쳐났다.

여기에는 대한민국의 거래계약 제도의 맹점도 한몫했다. 한국의 실거래가 매매계약 신고제도는 해외와 같이 등기 후 거래만 거래계약으로 인정하지 않고 계약만 하면 신고를 할 수 있다. 문제는 부동산 매매계약 후 신고를 한 뒤 60일 내에 계약을 해지해도 아무런 제재 조치가 없다는 것이다.

이렇다 보니 일부 악덕 공인중개사들이 허위로 거래 신고가를 계약하면 이를 바로 받아서 쓰는 일부 기자들이 합세하면서 마치 신고가 행진을 하는 폭등 시장인 것처럼 착각하게 만드는 일이 종종 벌어지곤 한다. 심지어 부동산 투기꾼에 가까운 아들과 엄마가 계약금도 없이 가짜 허위 신고를 한 사실이 보도에 실릴 정도니 말이다.

이렇듯 교묘하고 편법적인 방법을 동원한 세력들로 인해 시장을 왜곡시키는 일이 일어나곤 한다. 그러면서 2022년 3~5월에는 1,700건 대의 거래량으로 갑자기 증가했다. 그러자 아나 다를까, '서울 아파트 거래량 800건 대에서 1700건 대로 증가', '2배 증가' 등의 제목을 내건 기사들이 등장했다. 대선 이슈와 함께 서울시의 재건축 정책 방향, 규제 완화에 대한 기대감이 겹치고, 시장 왜곡 기사들이 나타났으며, 2022년 가을에 전세대란이 터질 거라는 보도도 가세하면서 시장이 꿈틀거린 것이다. 그러나 이미 고점을 찍은 주택을 비싼 값을 주고 매수할 실수요자는 이미 바닥나고 있었다.

일시적이고 조작적인 시장 반등에도 더 이상 사줄 사람이 없다 보니 시장은 결국 다시 하락 추세를 형성하며 거래량이 급감하기 시작했다. 이미 시장의 참여자들은 합리적인 판단을 하고 있었다. 이건 정말 미친 집값이라는 사실을 알고 있었다. 이때만 해도 아직 금리가 크게 오르지 않았을 때인데 말이다. 이는 시장이 그동안 취약할 대로 취약해진 상태라는 것을 반증하고 있었다.

다음으로 전국 주택거래량과 전국의 주택 수를 비교해보자. 이를 통해 전국 주택 재고량에 비해 주택거래량이 급감함을 알 수 있다. 시장이 큰 변환점을 맞이해서 조정 국면으로 향하고 있다는 것을 예측할 수 있다.

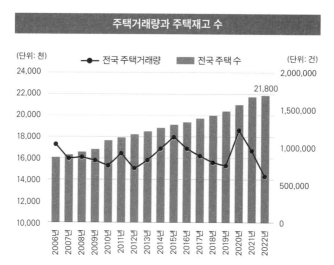

(단위: 천)　　●─ 전국 주택거래량　　▇ 전국 주택 수　　(단위: 건)

24,000 ─ 2,000,000

22,000 ─ 21,800 ─ 1,500,000

20,000

18,000 ─ 1,000,000

16,000

14,000 ─ 500,000

12,000

10,000 ─ 0

2006년 2007년 2008년 2009년 2010년 2011년 2012년 2013년 2014년 2015년 2016년 2017년 2018년 2019년 2020년 2021년 2022년

　전국의 주택재고 수는 매년 점진적으로 늘어나 국가통계포탈의 통계상 2021년 말 기준 21,917,000가구다. 이에 비해 거래량은 더 줄어들었다. 비정상적인 상황일까, 아니면 정상적인 시장 상황일까? 분명한 사실은 집을 살 유효 수요가 감소하고 있다는 것이다. 이는 주택 가격이 너무 비싸거나 사람들이 집을 살 여력이 없거나, 둘 중 하나다. 시장의 수요자 중 많은 사람이 주택 가격이 너무 높다고 판단했고, 집을 살 여력조차 약해졌기 때문이라고 보

는 것이 합리적 판단이다.

경기도도 살펴보자. 경기도 역시 서울의 아파트 거래량 흐름과 거의 같은 양상을 띠고 있음을 확인할 수 있다.

경기도 아파트거래량이 서울과 마찬가지로 2020년 6월에 월평균 거래량 대비 3배 정도 폭등한 34,984건을 기록한 것을 볼 수 있다. 지금은 영끌 시절 대비 거래량의 반의 반의 반토막인 10%도 안 되는 거래량 추세를 보인다. 경기도도 서울과 같은 양상을 보이고 있는 것이다. 이

자료: 경기도 부동산 통계 포탈(2023년 1월 기준)

는 전국적인 현상이다.

다세대 연립도 마찬가지 시장 상황을 보이고 있다. 2023년 1.3 대책의 규제완화로 2월의 거래량이 증가하고 있으나 여전히 평균거래량 대비 바닥 수준이다.

'합리적 기대가설'이라는 이론이 있다. 노벨경제학상 수상자인 로버트 루카스 교수의 설명에 따르면, 시장참여자들이 정부 정책과 상관없이 시장 상황에 대해 판단한다. 입수 가능한 최선의 정보에 의거해 미래를 예측하고 행동하는 것이다. 그리고 그것이 시장참여자들이 시장을 대하는 행동으로 나타난다.

이러한 현상이 한번 나타나면 부동산 시장의 경우 비탄력적 시장의 성격을 가지고 있어 쉽사리 상승 반전하기 어렵고 장기화되는 경향이 높다. 이러한 시기에 투자자는 가격 하락에 대한 자산관리 포트폴리오를 재구성, 즉 리밸런싱rebalancing을 하는 것이 합리적이다. 또한 시장참여자인 실수요자(무주택자, 1주택자)는 충분히 시장의 하락 장기성을 예측하고 본인의 내 집 마련 대상 지역의 입주 물량 추이 전세가 추이 등을 확인하면서 매입 준비를 하는 것이 바람직하다.

## 입주물량 폭증으로 폭락한 인천, 수원 등의 주택 가격

이제 인천을 살펴보자. 불과 2년 전만 해도 '매물이 씨가 말랐다'고 언론에서 부추기면서 영끌을 유도했던 것은 약간의 허위 과장성 보도였다. 실제로는 그렇지 않았기 때문이다. 인천광역시의 입주물량이 갑자기 폭탄 수준으로 나온 걸 볼 수 있다. 여담이지만, 언론의 힘이 크다는 것, 다시 말해 언론이 시장을 왜곡할 수 있다는 것을 다시 한번 느꼈다. 공정한 언론이 자리잡을 때 대한민국의 부동산 시장도 안정될 거라고 본다.

인천광역시의 입주 예정 물량을 보자. 15,000건 아래에 있는 기준선이 추정 적정 입주물량이다. 인천의 경우 1만 3천 건 대 전후를 적정 물량으로 본다. 시장은 적정 입주물량보다 조금 더 나오면 가격이 좀 내려갈 것이고, 적정 입주물량보다 모자라면 가격이 좀 올라갈 것이다. 찾는 사람이 더 많으니까 가격이 올라가는 게 당연하다. 그런데 그림을 보면 4만 개가 넘는 어마어마한 물량이 2년 동안 계속 나왔다. 3년 뒤에도 적정 물량보다 1만 세대 정도가 더 쏟아졌다. 6년 치 물량이 2년 만에 쏟아지고, 그 후

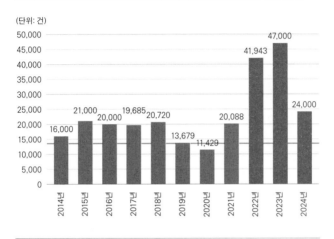

**인천광역시 입주 예정 물량**

(단위: 건)

| 연도 | 물량 |
|------|------|
| 2014년 | 16,000 |
| 2015년 | 21,000 |
| 2016년 | 20,000 |
| 2017년 | 19,685 |
| 2018년 | 20,720 |
| 2019년 | 13,679 |
| 2020년 | 11,429 |
| 2021년 | 20,088 |
| 2022년 | 41,943 |
| 2023년 | 47,000 |
| 2024년 | 24,000 |

자료: 한국부동산원 입주물량 통계(2022년 12월 기준)

3년간 8년 치 물량이 나온 것이다. 그러니 입주물량 폭탄으로 인한 주택 가격 하락은 불가피하다고 보면 된다.

2022년 인천의 가격 하락 폭이 컸지만 2023년에 하락 폭은 더 심화될 것으로 예측된다. 그래서 인천에 내 집 마련을 계획하거나 투자하려는 사람이라면 잠시 보류하기를 권한다. 무주택자로 실거주 중인 경우 충분히 기다렸다가 이 그림에 보이는 것처럼 2023년 하반기에 가서 천천히 시장 진입을 고려해도 전혀 늦지 않다고 본다.

2024년까지 기다려도 주택을 마련하는 데 큰 어려움은 없을 듯하다.

다음으로 수원의 입주물량을 보자. 수원도 입주물량 과다로 인해 2023년과 2024년까지 주택 가격의 하방 압력이 강하게 작용할 것이며, 2025년까지 이어질 가능성이 커 보인다. 실제 인천과 수원은 입주물량 폭탄의 영향으로 상당한 크기의 하락 폭이 이어지고 있다. 수원과 인천뿐 아니라 화성·동탄, 부산(25,885) 등 입주물량이 많은

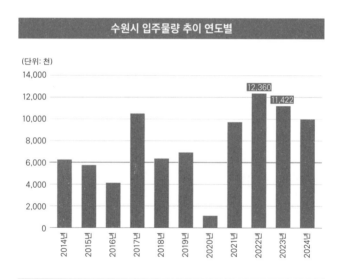

**수원시 입주물량 추이 연도별**

(단위: 천)

자료: 한국부동산원 입주물량 통계(2022년 12월 기준)

지역에는 공통적인 현상이 나타날 것이다.

향후 부동산 시장을 예측하는 데 있어 중요한 사항이 하나 있다. 엄청난 입주물량이 그 지역의 문제만으로 끝나지 않는다는 사실이다. 인천의 경우 입주물량은 인천의 접경 지역인 구로구, 강서구, 양천구 등과 수도권 인근 지역으로 확산할 수밖에 없다. 실제로 이 지역들의 전세가 하락과 매매가 하락이 서울의 타 지역보다 더 크다.

입주물량이 많아 집이 남아돌면 주택 가격은 낮아지고, 전세 가격 또한 더 저렴해진다. 인천의 넘치는 물량은 수도권에서는 인근 김포나 파주, 부천시, 광명시까지 하방 압력을 줄 수 있다.

집값이 오를 때 '풍선 효과'라는 말이 있다. 한 지역의 집값이 올라가면 인근 지역에도 집값이 오르는 현상이다. 반대로 역풍선 효과는 인근 지역의 주택 가격이 하락하면 해당 지역도 하락하게 되는 현상이다.

2023년 강남 4구의 입주 물량이 전년 대비 3배 수준을 넘어선다. 소형단지까지 합하면 2만 가구를 넘는다(한국부동산원 1월 발표 입주예정물량 자료). 2023 한 해 강남에 역전세가 심화되고 매매가격에도 하방 압력을 가중시킬 것이다.

2023년은 역풍선 효과가 본격적으로 시작되는 해다.

역전세 심화 현상과 함께 전세가는 물론 매매 가격 하락을 촉진하는 해가 될 것이다. 이러한 역풍선 효과는 대구, 부산, 화성 등 2023년에 입주물량이 많은 지역에서도 나타날 것이다.

결론적으로 2023년 올 한 해는 매매가, 전세가 모두 본격적인 조정을 거치게 될 것이므로 자산관리에 집중해야 한다. 또한 내 집 마련 실수요자들은 긴 호흡을 가지고 내 집 마련 전략을 진행하는 것이 효율적이다.

최근 정부의 1.3 대책과 특례보금자리론 영향으로 1월과 2월 전국, 서울 수도권 거래량이 증가하고 있다. 그러나 3월 초 들어서면서 다시 소강상태가 나타나는 모습을 보인다. 좀 더 지켜봐야겠지만 2~3개월 뒤부터는 다시 시장이 추가 하락시장으로 진입할 것으로 보인다. 특례보금자리론도 18조 원가량 소진되어 50% 가까이 소진되었다. 이 중 60% 가량이 대환대출로 소진되었고 38% 정도가 신규매입에 해당되는데 매도호가가 오르자 수요자들이 다시 관망하는 양상이 나타나기 시작한 것이다. 이를 기초로 향후 시장을 예측해보면 2~3개월 뒤부터는 다시 시장이 거래감소와 추가하락조정이 나타날 가능성이 있다.

# 02
# 집값 붕괴인가,
# 집값 정상화인가

## 주택구입부담지수로 보는 집값 추세

자, 그럼 부동산 시장 즉 주택 가격이 붕괴하는 것인가, 아니면 정상화되는 과정인가에 대해 살펴보자.

우리가 살고 있는 자본주의 시장은 수요가 존재하고 이에 따라 공급이 발생한다. 그리고 그 수요는 시장참여자들이 부담 가능할 때의 정상적인 수요라고 봐야 한다. 그러나 어떤 재화에 대해 시세차익이 발생하는 상황이 되하면 정상적인 수요는 물론 투자나 투기를 통해 시세차익을 노리는 투기 수요 내지 가수요가 가세하게 된다.

이런 경우 시장에는 행동경제학에서 말하는 인간의 광기가 나타나게 되고 그 재화의 정상 가치를 넘어선 거품이 형성된다. 그리고 뒤이어 받쳐주는 수요가 멈추면서 시장에 거품이 사라진다. 정상 가격으로 회귀하는 과정에서 거품이 터지게 되고 경제위기로 확산하는 경향이 역사적으로 되풀이되어왔다.

그러면 왜 항상 어느 시점이 되면 거품이 터지는 경제 역사가 되풀이될까? 답은 의외로 간단하다.

만일 어떤 상품이나 재화가 누구나 원하는 것이지만 쉽게 살 수 없을 정도의 높은 가격이라면 더 이상 그 재화를 살 수요자는 존재하지 않게 된다. 그 순간부터 '지금 이 재화의 가격이 거품 가격이고 이 가격에 사더라도 더 이상 시세차익을 기대할 수 없구나'라는 인식이 확산하면서 고평가된 재화의 가격은 더 이상 유지할 수 없게 되고 하락하기 시작한다. 원래 재화의 가치인 정상 가치와 가격으로 회귀하는 과정을 겪을 수밖에 없는 것이다.

이때 도리어 무리하게 대출을 활용한 투자자의 경우 대출이자의 부담과 가격 하락의 부담이 겹치면서 재화 유지를 할 가치는 물론 파산을 막기 위한 매도, 즉 '패닉 셀

링panic selling'을 하는 상황이 된다.

요컨대, 한 재화는 가격이 너무 높아 살 수 있는 수요자가 없어지면 가격을 유지할 수 없다. 수요자들이 부담 가능한 가격으로 낮아졌을 때 수요가 발생하게 되고, 빠르게 정상 가격으로 회귀할수록 수요는 증가한다. 대부분의 시장참여자가 부담 가능한 적정 가격이어야 거래가 정상적으로 이루어지는 시장이 되는 것이다.

부동산 시장, 특히 주택 시장에서 정상 주택 가격을 판단할 수 있는 지표가 바로 주택구입부담지수Housing Affodability index다. 여러 부동산 지표가 있으나 이 지표의 시장 예측 신뢰도가 높다고 본다. 이는 후행적 지표지만 현재 주택 가격의 정상 수준 여부를 파악하는 데 도움이 된다.(나는 이 지표를 분석해, 2019년 말부터 더 이상 유지될 수 없는 주택 가격 수준임을 많은 곳에서 피력해왔다.)

다음 페이지에 나오는 그림은 주택구입부담지수의 추이를 나타낸 것이다. 이 수치는 어떻게 산출하는 것일까? 중위가구의 소득을 기준으로 주택의 중위 가격이 있을 것이다. 그러면 중위가구가 중위가격의 주택을 구입할 때 일정 조건이 있다. 그 조건은 LTV 50%(정확히는 47.9%), DTI 25.7%에 만기 20년 고정금리인 조건이다. 이 조건

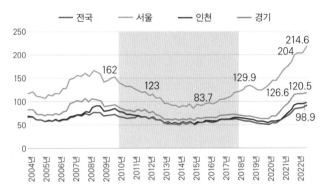

주택구입부담지수

전국 ── 서울 ── 인천 ── 경기

162
123
83.7
129.9
126.6
120.5
214.6
204
98.9

* 주택구입부담지수(K-HAI)
  = 대출상환가능소득 ÷ 중간가구소득(월)×100
  = (원리금 상환액 ÷ DTI) ÷ 중간가구소득(월)×100
* 원리금상환액은 LTV 47.9%, DTI 25.7%, 만기 20년 원리금균등 상환대출의 매월 상환액
* 주택구입부담지수: 중간소득가구가 대출을 받아 중간가격 주택을 구입하는 경우의 상환부담을 나타내는 지수

을 적용했을 때 주택 매입 후 중위소득 가계가 매월 부담하는 소득 대비 원리금 상환 비율을 나타낸 것이 바로 주택구입부담지수다.

더 간단하게 설명하면, LTV 50%, DTI 25.7%에 만기 20년 고정금리라는 조건으로 집을 샀을 때 100이라는 수치는 중위가구 소득의 25% 정도를 원리금 상환으로 부담한다는 의미다. 그리고 200이라는 수치는 소득의 50% 정도를 부담한다는 뜻이다. 2022년 3분기 주택구입 부담지수가 214.6으로 소득의 54%를 부담하는 것으로 나타났다.

상식적으로 생각해보자. 소득의 50%를 원리금 상환으로 지출하고도 생활이 부담 없는 사람이 얼마나 될까? 세금, 보험료, 교통비, 자녀 학업비 등을 다 지불하고 나면 정상적인 생활을 하기가 힘들다. 그래서 전 세계적으로 안정적인 수치를 30~35% 정도로 본다. 40% 선이 일반적이고 30%라면 주택구입부담지수에서는 120 정도가 된다.

120 정도가 정상수준이라고 볼 수 있는데, 현재의 200에서 120까지 떨어진 값을 계산해보면 최소 40%의 갭이 생긴다. 바꿔 말하면 현재 주택 가격이 30~40% 조정될 수 있다는 것이다.

물론 정부가 인위적인 대출 확대 등의 정책을 펼치고, 미국의 물가가 잡히고 금리가 인하하면 그 폭은 다소 제한될 수 있을 것이다. 그러나 현재 주택 가격은 정상 가격이 아닌 거품 가격이라는 사실은 누구나 알 수 있다.

현재 전 세계가 DSR 제도를 강화하는 중이다. 일본의 경우 연소득의 3분의 1을 초과하는 대출을 원칙적으로 금지하는 것으로 알고 있다. 미국은 Dsr ≤ 43%를 적격 대출 기준으로 활용하고 있고 캐나다는 40~44%임과 동시에 재산세, 관리비등 지출 부분도 산입하여 실질적으로는 35~40% 수준이다. 집값이 무척 비싸다고 알려진 홍콩의 경우 40~50%이다. 금리 상승 위험에 따라 조정하여 위험시에는 40% 정도이고 안정 시 50% 정도다.

이처럼 선진국 36개국 중 20개국이 DSR 제도 강화를 시행 중이며 신흥국 중 발전국가 32개국이 시행 중(2021년 9월 기준)이다. 이는 지속적으로 확대되고 있다.

2008년 금융위기 이후의 저금리 상태, 유동성 확장 정책 등이 펼쳐지면서 돈이 막 풀리니까 자산가치가 올라갔다. 그러다 코로나19가 직격탄을 터뜨렸다. 그림에서 볼 수 있듯이 코로나 팬데믹 시기에 주택구입부담지수가 급등했다.

저금리에는 자산가치가 올라가게 되어 있다. 반대로 고금리일 때는 자산가치가 내려가게 된다. 그러면 결국 평균에 수렴할 것이다.

따라서 부동산 가격이 40% 하락할 수 있고 더 하락할 수도 있다. 어떨 때 더 하락할까? 국내 리스크뿐 아니라 해외에서 외부 리스크 발생 시 주택 가격이 더 하락할 수 있다.

한국주택금융공사에서 분기별로 주택구입부담지수를 발표한다. 무주택자라면 이 수치가 어느 정도 내려올 때 시장에 접근하는 게 좋을 것이다.

## 주택 가격의 거품이 꺼진다

집값 붕괴일까, 정상화일까? 나는 정상화라고 말하고 싶다. 앞서 봤던 주택구입부담지수 그래프에서 부동산의 정상적인 가격대가 어느 수준인지 예측이 되었을 것이다. 다른 지표를 보아도 그간 주택 가격이 거품이었음을 확연하게 알 수 있다.

원희룡 장관이 얘기한 '주택 가격 40% 하락'의 근거가 KB국민은행의 PIR 지수다.(중위가구 소득자가 중위가격 주택을 사는 데 있어 주택 구매 능력을 나타내는 지표로 연소득 대비 연주택 가격의 비율로 서울의 2021년 말 기준으로 보면 약 18배다.)

원희룡 장관은 10~12 정도의 PIR이 적정하다고 했는데, 2022년 초 가격 대비 35~45% 하락 조정이 되어야 적정하다고 국토부 장관이 말한 것을 볼 때 현 정부도 현재 주택 가격의 거품을 인식하고 있음을 알 수 있다.

한국은행에서는 1년에 두 번 금융안정보고서를 낸다. 다음은 2021년 12월 금융안정보고서 속 지표들이다.

한국은행에서는 매년 2회 발표하는 상반기 하반기 금융안정보고서에 다음 그림과 같은 지수 및 지표들을 조사 연구하여 발표하고 있는데 아래 그래프는 서울 지역의 소득 대비 주택 가격 비율이다. 그래프가 많이 상승한 것을 볼 수 있다.

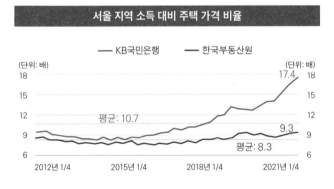

**서울 지역 소득 대비 주택 가격 비율**

— KB국민은행　— 한국부동산원

(단위: 배)　　　　　　　　　　　　　　　　　　(단위: 배)

17.4

평균: 10.7

9.3

평균: 8.3

2012년 1/4　　2015년 1/4　　2018년 1/4　　2021년 1/4

* 3분위 평균주택 가격 및 도시지역 가구소득 기준
* 평균은 2012년 1/4분기~2021년 1/4분기 중 기준
자료: KB국민은행, 한국부동산원, 통계청 「가계동향조사」

아래에서 제시하고 있는 그래프는 금융취약성지수 추이를 나타낸다. 채권, 부동산, 주식 3개 분야를 합쳐서 평균을 낸 수치인데, 이 또한 많이 상승한 것을 볼 수 있다. 1997년 외환위기 때와 2008년 글로벌 금융위기 때와 비교해 아직은 낮지만, 이 추세로 더 올라가면 위기가 닥칠

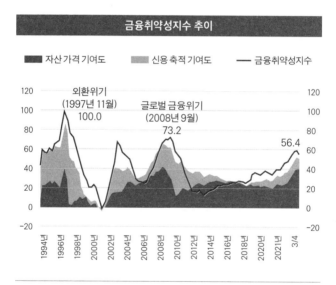

**금융취약성지수 추이**

■ 자산 가격 기여도　　■ 신용 축적 기여도　　── 금융취약성지수

* 금융안정 관련 실물 및 금융 부문의 20개월 별 지표를 표준화하여 산출한 종합지수 (0~100). 주의 및 위기 단계 임계치는 'noise-to-signal ratio' 방식에 따라 각각 8과 22로 설정
* 3개 평가요소(자산가격, 신용축적 및 금융기관 복원력)와 관련된 39개 지표를 표준화하여 산출한 종합지수(0~100)
* 2021년 3/4분기는 잠정치
자료: 한국은행 금융안정보고서

수 있다. 시장이 다시 한번 급속하게 하락할 가능성이 큰
것이다.

다만 정부가 레고랜드발 금융경색에 적극적으로 대처
하여 비교적 현재는 안정화 수준에 들어섰다고 볼 수 있
다. 그러나 정부의 지원이 없었다면, 즉 국민세금이 투입
되지 않았다면 망했을 수도 있는 제2금융기관이 차후 수
익이 발생하면 국민에게 환원할 것인지에 대한 회의감은
지울 수 없다.

지금은 글로벌 시대이므로 세계경제 상황에 따라 중국
발 버블 붕괴, 러시아·우크라이나 전쟁발 식량 에너지 문
제, 신흥국발 연쇄 부도로 인한 위기, 일본의 금리 인상에
따른 엔캐리트레이드Yen Carry Trade의 역효과로 인한 금융
리스크 등 국내 요인과 관계없는 경제 리스크가 발생할
수도 있다. 이는 우리 금융과 경제에도 연쇄적 불안을 야
기할 수 있다는 점은 염두에 두어야 한다.

다음으로 오른쪽 금융불균형 관련 부문별 지수를 보
자. 채권, 주식, 부동산이라는 세 개 분야에 대해 각각
39개로 세분해 지표를 표준화하여 수치를 종합해서 산출
한 표로, 신뢰도가 높다.

자산가격을 나타내는 막대그래프에서 제일 오른쪽이

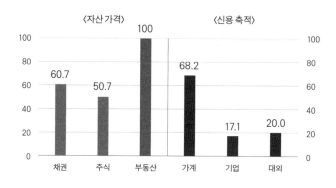

금융불균형 관련 부문별 지수

〈자산 가격〉　　　　　〈신용 축적〉

자료: 한국은행 금융안정보고서(2021년 3/4분기 기준)

부동산이고, 수치가 100이다. 이게 무슨 뜻일까? 산출한 수치, 즉 취약성 지수가 0에서 100까지 중에서 100이라는 뜻이다. 누가 봐도 위험한 수치까지 올라간 것이다.

그렇기 때문에 주택 가격의 거품이 꺼질 때가 됐다고 말할 수 있다. 주택 가격이 2022년 하반기 큰 폭으로 조정되면서 부동산금융부문의 취약성 지수는 2022년 말 기준 98.5를 나타내고 있다. 여전히 위험한 수준을 이어가는 중이다.

2021년 가을부터 '금융기관 모니터링 들어간다', '자기

자본 비율 체크한다' 등의 기사를 본 적이 있을 것이다. 금융당국이 이런 조치를 취하는 게 다 이런 지표들에서 연유된 것이다. 분명한 사실은 예전에는 없거나 보이지 않던 안 좋은 지표와 신호들이 지속적으로 보고서에서 나타나고 있다는 것이다. 이 사실은 염두에 두고 시장 상황에 대처하는 혜안이 필요한 때다.

## 03
# 한국에도 일본형 장기침체가
# 올 수 있을까?

## 무섭도록 비슷한 한국과 일본

우리나라도 일본형 장기침체를 따라갈 수 있다는 말이 나온다. 영국 〈이코노미스트〉의 2022년 5월 22일 자 기사에서는 두 경제 주체 국가의 유사성이 너무 많다며 한국이 일본의 전철을 밟을 수 있다고 경고했다. 소득 수준이나 1990년대 중반 이후로 생산 핵심 연령의 인구가 감소한 것, 고령화 인구의 증가까지 일본의 상황과 거의 똑같다는 것이다. 그뿐 아니라 주택 구매 핵심 연령 인구가 감소하는 것이나 금리가 오르는 것까지 두 나라가 아주 유사하다고 보도했다.

한국의 경제침체에는 분명 미국의 금리 인상이 영향을 끼쳤지만, 이미 금리와 물가가 많이 오르고 있었고 여전히 현재도 진행 중이다. 어차피 금리를 올릴 수밖에 없는 경제환경이었다. 역사상 7연속 기준금리 인상이라는 기록(?)이 말하듯 미국뿐 아니라 한국도 금리 인상은 예견되었던 게 사실이다. 문제는 너무 짧은 시간에 여러 차례, 시장이 예측하지 못한 수준의 폭과 속도로 진행되었다는 것이다.

일본도 1980년대에 자산 거품을 막기 위해 금리를 급하게 올린 것이 장기침체의 시작이었다. 2년 사이에 두세 배씩 금리를 올렸었는데, 금리 인상 후 6개월에서 1년 정도 있다가 거품이 붕괴했다.

그때도 특별한 이유가 있어서가 아니라 과도한 대출로 인해 빚어진 유동성장세로 고평가되고 거품이 형성된 경제적 자산의 붕괴가 시작되었기 때문이다. 어느 날 갑자기 주식 시장이 푹 꺼졌다. 사람들의 위축된 소비심리가 알게 모르게 번지다가 어느 순간 걷잡을 수 없게 되는 것이다. 투매 현상이 벌어지고 이는 다시 부동산 시장으로 확대되면서 거품의 급격한 종식이 이루어진 것이다.

이처럼 시장참여자들의 위축된 소비심리와 자산투자 심리는 정점을 통과한 후 알게 모르게 서서히 퍼지다가 어느 순간 걷잡을 수 없는 패닉 상황이 도래하게 된다.

누적된 거품의 위험은 어느 순간에 갑자기 터지는 듯하지만 터지기 전에 여러 가지 신호와 지표의 변화를 나타낸다. 다만 광기가 넘치는 시기에 대부분의 대중과 언론이 위험 신호를 무시하는 경향이 반복된 것이 자본주의의 역사다. 한번 광기에 젖어 들면 대중은 비합리적 행동마저 정상적인 것으로 치부하는 양상을 지니게 된다.

우리나라에서도 비슷한 현상이 발생했다. 코로나 이전부터 0.5% 정도의 저금리로 몇 년을 지내다가 1년도 안 되는 기간에 기준금리가 2023년 3월 3.5%까지 올랐다. 거의 7배로 아주 급하게 단기간에 오른 것이다. 결국 거품이 있던 주택 시장에서 주택거래량이 급락하는 등 조정 현상이 나타나기 시작했다. 현재까지 거품이 제거되고 있으며 향후 당분간 거품 조정 하락장세가 이어질 것이다.

이처럼 단기간의 기준금리 급등은 자산 가격의 하락을 가져온다. 금융 시스템의 부실이 있는 경우에는 이것이 금융위기로 확산될 수도 있다. 단언하기 조심스럽지만 자

칫 일본형 장기침체가 우리나라에서도 재현될 수 있는 것
이다.

## 금리를 급하게 올릴 수밖에 없는 이유

먼저 일본의 거품 붕괴에 대해 정확하게 알기 위해서는
금리 인상과 인하의 목적과 실제 경제에 미치는 영향을
정확하게 파악해야 한다.

서울 소공동 한국은행 본점에 들어가면 현관에 크게
'물가안정'이라고 쓰인 현판이 눈에 들어온다. 「한국은행
법」 제1조 제1항은 '한국은행을 설립하고 효율적인 통화
신용 정책의 수립과 집행을 통하여 물가안정을 도모함으
로써 국민경제의 건전한 발전에 이바지함'을 법의 목적으
로 규정하고 있다. 즉 한국은행의 통화 정책의 최우선 목
표는 물가를 안정시키는 것이다.

그럼 왜 물가안정을 유지해야 할까? 한국은행의 기준
금리란 한국은행과 금융기관 간 환매조건부채권RP 매매
와 대기성 여수신 등의 자금거래를 할 때 적용되는 금리
다. 중앙은행의 역할은 한 국가의 매매교환을 위한 화폐

를 발권하고 민간은행은 기준금리를 기준으로 자금을 조달한다.

물가가 오른다는 것은 시장참여자이자 소비 주체인 국민(요식업, 제조업체 등 포함)이 같은 돈으로 살 수 있는 물건과 원재료 가격이 올라 예전보다 비싸게 구입해야 한다는 것이다. 그러면 근로자들과 기업들은 같은 임금이나 돈으로 살 수 있는 물건과 재료가 감소하게 된다. 그러므로 이는 근로자는 실질적으로 소득이 감소한 것과 같고 기업 입장에서는 원가가 높아지므로 이익이 감소한다. 만일 은행에 돈을 예금한 경우라면 시간이 갈수록 돈의 실질가치가 하락해서 손해를 보게 된다.

금리가 2%인데 물가가 5% 오르면 결국 -3%의 돈의 가치 하락이 발생하게 되므로, 실질적으로 마이너스 금리가 적용되어 은행에 예금할 의미가 사라지게 된다.

이러한 상황이 되면 근검절약을 하는 것보다 금, 원자재, 토지나 주택 등 부동산에 투자를 하게 된다. 이 기간이 장기화되면 자산가격 거품과 물가 폭등이라는 위기 상황을 맞이하게 되고, 결국 경제위기라는 최악의 상황을 맞이할 수도 있다. 역사적으로 물가가 폭등한 나라들은 불행한 결과를 맞이했다. 이러한 사태를 방지하기 위해 물가를 안정시키는 것이 한국은행의 설립 목적인 것이다.

그럼 물가는 왜 언제 오를까?

물가 상승의 원인을 보자. 한 시장에 빵이 3개인데 통화량 화폐가 3천 원이라고 해보자. 이 화폐로 빵을 소비할 경우 빵 1개의 가격은 1천 원이다. 만일 화폐가 6천 원으로 증가한다면 이 사과의 1개의 값은 2천 원이 된다. 시중에 화폐, 즉 통화량이 많아지면(정부가 돈을 푸는 재정 확장 정책이나 한국은행이 통화 완화 정책, 저금리 정책을 쓰면) 물가는 오를 수밖에 없다.

물가가 상승하는 경우는 시장 상황을 기준으로 다음과 같이 정리할 수 있다. 첫째, 통화량에 비해 거래대상현물(빵)의 양, 즉 개수가 줄어들 경우다. 예를 들어 러시아·우크라이나 전쟁으로 세계 밀 생산량이 급감하자 밀가루 가격이 급등하는 것이 그 예다. 둘째, 거래 대상 현물의 개수가 일정한 상황에서 통화량이 증가하는 경우다. 앞선 빵의 사례처럼 말이다. 셋째는 거래 대상 현물(빵)의 개수는 한정되어 있는데 이에 대한 수요가 증가하는 경우다. 넷째는 거래 대상에 대한 소비자와 대중의 심리가 광적인 붐을 일으키는 경우(튤립버블의 예)다.

한편으로 물가가 상승하는 경우를 정부와 중앙은행의

재정 정책과 통화 정책 방향을 기준으로 정리하면 이렇다. 첫째, 정부가 재정 확장 정책을 쓸 경우. 정부의 SOC 사업 확대, 창업자금 확대, 복지 확대 등 정부가 재정을 시장에 풀 경우다. 시장에 정부 재정이 투입되면서 통화량이 증가하고, 이는 소비 증가, 물가 상승의 원인으로 작용한다.

둘째, 마치 헬리콥터처럼 돈을 뿌리는 정책을 쓰는 경우다. '헬리콥터 머니'란 노벨 경제학상 수상자 밀턴 프리드먼이 1969년 논문에서 처음 쓴 용어인데, 이를 2002년 연준의장이었던 벤 버냉키가 언급하면서 '헬리콥터 벤'이라는 별명을 얻게 되었다. 이후 미국은 시중에 통화량을 공격적으로 증가시켰고, 이로 인해 미국의 주식은 물론 자산 가격 상승과 주택 가격 폭등이 시작되었다.

물가 상승에다 급증한 유동성은 주택 구매 수요자들이 과다한 대출을 받는 여건이 되었다. 은행과 금융기관의 파생상품이 등장하면서 소득이나 상환능력이 없는 사람들에게까지 공격적으로 모기지 대출을 해주었다. 그 결과 서브프라임 글로벌 금융위기라는 처참한 결과를 맞이했다.

셋째, 저금리 통화 정책을 펼치는 경우. 금리가 낮아지게 되면 예금금리, 대출금리, 국채금리가 낮아지고, 이는 공사채 수익률 인하로 이어지면서 기업과 가계대출이 증가하게 된다. 그러면 통화량이 증가해, 일정 기간이 지난 후 물가 상승은 필연적으로 나타난다.

**물가 상승** → 임금 상승 → 기업 여건 악화 → 실업률 증가 → 소비 둔화 → 경기침체 → 양적완화 → 물가 재상승

그렇기에 위와 같이 악순환이 발생할 수 있고 자칫 하이퍼인플레이션으로 확산될 수 있다. 이러한 상황을 방지하려면 중앙은행은 물가안정을 위해 금리 인상을 할 수밖에 없는 것이다.

이러한 시장 상황과 정책 변화 속에서 반복되는 경기호황과 거품 그리고 경기후퇴와 경기침체, 더 나아가 경제위기가 되풀이되어온 것이 자본주의 경제의 딜레마다. 현재 우리가 살고 있는 자본주의 시대는 금리와 물가 변동이 사실상 모든 경제 상황의 변화를 이끄는 선행변수로 작용한다. 금리와 물가에 대한 지식을 쌓는 것이 자산관리를 위해 꼭 필요한 이유다.

# 일본의 플라자합의와 금리(통화 정책) 변화

금리 변화는 물가, 특히 부동산 시장 가격과 밀접한 관계에 있다는 사실을 바탕으로 일본의 버블 붕괴 당시 금리 상황을 먼저 살펴볼 필요가 있다.

일본은 1985년 플라자합의 이후 환율이 크게 하락(평가절상, 일본의 돈 가치가 높아짐)했다. 1985년 9월 22일 미국, 영국, 프랑스, 독일, 일본 5개국 재무장관이 플라자 호텔에 모여 합의한 이후 엄청난 무역흑자를 기록하던 일본과 경상수지 적자에 허덕이던 미국 간 환율은 달러당 240엔에서 1987년 123엔까지 하락했다. 100엔에 수출하던 2달러짜리 상품이 엔화 가치 상승으로 인해 1달러에 수출되는 상황이 되었다.

일본은 수출경쟁력 약화로 경제성장이 둔화하는 것을 막기 위해 즉각 저금리 정책을 시행했다. 1986년 1월부터 1987년 2월까지 재할인금리(기준금리)를 5%에서 2.5%로 낮추었다.

그러자 1986~1990년까지 통화량이 매년 평균 10% 이상 큰 폭으로 증가했고 투자와 소비가 증가하면서 높은 성장세를 이어갔다. 이에 힘입은 일본 경제는 1987년 6.1

%, 1988년 6.4%의 경제성장률을 기록했다. 수입 물가가 낮아지면서 소비가 증가하는 등 대호황기를 맞이하게 된다. 저금리 유동성 장세와 엔고 현상이 가세하면서 일본에 돈이 넘쳐나고 소비가 활황을 이루고 통화량이 급증하기 시작한 것이다.

이 과정에서 가계와 기업은 저금리로 대출받아 주식과 부동산, 금 등을 집중적으로 매입했고, 일본의 주식과 부동산 가격은 폭등했다. 한발 더 나아가 엔화 강세로 미국 부동산 등 해외 자산의 가치가 상대적으로 저렴해지자 해외 부동산과 자산을 본격적으로 매입했다. 일본은 저금리 유동성 확대와 엔화 가치 상승(환율 하락)이 한 국가의 경제 상황을 어떻게 변화시키는지 잘 보여주었다.

자산 가격 상승과 거품은 결국 물가 상승을 가져오게 되어 있다. 몇 년간 0.5% 수준이던 물가상승률이 1989년 갑자기 3%로 상승하기 시작했다. 놀란 일본은 1989년 4월부터 1년 3개월 만에 기준금리를 2.5%에서 6.0%까지 인상했다. 물가안정을 위해 저금리 정책에서 고금리 정책으로 선회한 것이다.

결국 1990년 주식 시장 폭락을 시작으로 부동산 폭락으로 이어졌고 일본의 잃어버린 30년이 시작되었다. 인위적, 조작적 저금리 통화 정책을 통한 호황과 거품 현상은 필연적으로 불황과 경제위기를 부른다.

## 일본의 잃어버린 30년과 한국의 차이점

일본형 장기침체가 올 수도 있다는 우려가 종종 언론 보도에 나온다. 일본의 경제 상황, 인구구조 변화 등이 우리와 같은 점도 많지만 차이점도 분명히 존재한다. 우리나라가 일본과 같은 길을 갈 요인과 유사점도 많지만 일본과는 다른 점들도 존재한다. 과연 일부에서 우려하는 일본식 경기침체가 올 수 있을까에 대한 진단이 필요해 보인다. 소비자인 시장참여자 입장에서도 이를 검토해보는 것은 리스크 헤지(위험 회피, 분산)를 위해 필요한 일이다.

다음 페이지 표에서 보듯 당시 일본은 금융기관에 대한 규제가 매우 부실했던 한편, 우리나라는 대출 규제를 통한 금융관리가 일본보다 비교적 강하게 유지되어왔다.

다시 말해, 일본의 금융기구들은 당시 매우 부실했던 반면 우리는 IMF 외환위기와 글로벌 금융위기를 겪으면서 제1금융권의 부실을 건전하게 만들어놓은 상태였다.

| 일본 부동산 버블 붕괴 과정, 한국과의 유사점과 차이점 | | | |
|---|---|---|---|
| | 유사점 | | 차이점 |
| | 일본 | 한국 | |
| 부동산 | 도쿄 중심지 1983년부터 1990년까지 8년간 상승 5년 만에 4배 등급 | 2015~2021년 7년간 상승 서울 강남 2.5~4배 수도권 일대 3배 | • 일본은 기업부채, 한국은 '가계부채 +기업부채' • 한국 전세대출 리스크 • 일본 닌자식 대출 100% 초과 대출, 한국 최고 90% 대출 • 일본 오피스, 사업용발 부동산 부실, 한국 가계 주택발 부실 가능성 |
| 금리 | 1986년부터 저금리 기조 2.5% 유동성 증가, 물가 상승하자 1988.9~1990.12 1년여 만에 6%로 인상 | 글로벌 저금리와 동행 2005년부터~1% 유동성 증가 1년 만에 3.5%로 인상 | |
| 물가 | 1%대 안정 1987년부터 상승, 1989년 3%, 1990년 4% | 2015년 1%대였으나 2020~2021년 5월부터 상승 시작, 2022년 10월 5.7% | |
| 대출 정책 | 감정가 대비 200%까지 대출 1990년 3월 대출총량제 | 바젤3 가계부채 심각 대출증가율 2021년 대출총량제 2022년 DSR 단계 적용 | |
| 인구 구조 | 1990년 인구 감소 시작 1980년부터 출산율 본격 저하 단카이세대 1943~1953 | 2021년 인구 감소 시작 2010년부터 출산율 저하 심화 베이비부머 세대 (1955~1963+1974) | |
| 주택 보급률 | 1990년 110% | 2020년 105% | |

일본의 금융기관이 부실했던 이유는 기업들에게 대출을 많이 해줬기 때문이다. 이와 달리 우리나라는 가계에 대출을 많이 해줬다. 이렇게 보면 우리나라가 일본과 같은 점이 70%, 다른 점이 30% 정도라고 볼 수 있다.

다만 우리나라의 금융 관련 기업인 증권사나 캐피탈사, 일부 보험사들의 상태가 그리 좋지 않다.

'금융 ABCP'라고도 불리는 '자산 담보부 기업어음'이라는 게 있다. 이는 자산유동화회사가 매출채권, 부동산, 회사채 등 자산을 담보로 발행하는 기업어음을 뜻한다. 쉽게 말해 기업이 돈이 부족할 때 유동성을 확보하기 위해, "내가 돈 받을 게 있으니까 일단 나 좀 빌려주면 어음을 줄게"라고 해서 자산유동화회사로부터 돈을 빌리고 이자를 지급하게 된다. 그런데 이 기업이 만약 이자를 지급하지 못하게 되는 상황이 되거나 원금을 갚지 못하게 되면 채권자들은 채권회수에 들어갈 것이고 기업은 부도, 파산으로 처리된다.

요즘 뉴스에 자주 노출되는 부동산 PF 부실에 대해 들어보았을 것이다. 특히 국내의 부동산 PF-ABCP(자산유동화 기업어음)와 증권사의 PF 자금의 부실 문제가 대두되고 있다. 실제 부동산 사업 현장에 많은 자금을 대출해준

일부 제2금융권(저축은행, 보험사, 증권사, 여신전문회사 등)이 부동산 하락으로 미분양이 증가하면서 사업 부실 위험에 노출되고 있다.

따라서 한국의 가계대출만이 문제가 아니라 기업부채의 부실도 추가될 수 있으며, 이 또한 경제 위험 부담이 될 수 있다. 즉 가계부채와 기업부채가 상존하는 게 현재 대한민국의 현실이다.

일본형 버블과 달리 기업이 아닌 가계부터 부실이 터진다면 이는 주택산업의 미분양을 심화할 것이며, 연관 대출업체인 제2금융기관의 부실로까지 이어질 것이다. 가뜩이나 취약한 가계부채마저 터진다면 자칫 일본형 버블보다 더 심각한 상황이 펼쳐질 가능성도 배제할 수 없다.

앞서 언급했듯 2022년 5월 영국 〈이코노미스트〉가 '한국 일본 버블과 너무 비슷해'라는 제목으로 한국의 버블 가능성을 대서특필했다. 인구 고령화, 생산인구 감소, 저성장 국면 가처분소득 대비 가계부채비율 등 비슷한 점이 많아 일본식 경기침체가 올 수 있다고 경고한 것이다.

또한 〈이코노미스트〉는 한국의 전세 제도와 전세대출 문제가 보이지 않는 가계부채 버블 문제를 안고 있다는 점도 언급했다. 두 나라의 위험을 절대적으로 비교 평가하기 어렵다고 말하면서도 한국이 일본보다 더 위험할 수 있다는 것을 우회적으로 표현한 것으로 해석할 수도 있다.

〈이코노미스트〉는 한국이 이 상황과 경기침체를 피하려고 억지로 시장을 막는 것보다는 최악의 시나리오를 대비하고 대처해나가는 것이 더 쉽고 효과적이라고 결론짓는다. 한국의 정치인들, 중앙은행, 감독당국이 자산 가격을 떠받치면서 연착륙에 애쓰는 동안 일본과의 무서운 유사점은 계속 늘어날 것이고, 더 나쁜 결과를 가져올 수도 있다고 하면서 일본의 경험에서 배울 수 있을 거라는 조언까지 곁들였다.

## 일본식 부동산 침체 가능성은?

지난 2년간 서울 강남의 집값이 두 배 반에서 세 배 정도 올랐다. 주택담보대출금리는 급등기 전에 2.5%였는데 최근에는 5~7%까지 올랐다. 이런 흐름은 국내의 요인 때문이라기보다 글로벌 경기와 흐름을 같이하기 때문이다.

주택 가격 하락 폭을 기준으로 시장 상황은 두 가지로

펼쳐질 수 있다. 2022년 한해 많은 지역에서 주택 가격이 단기간에 큰 폭으로 하락 조정되었다. 2023년 추가적으로 하락하여 정상가격 수준에 근접하면 시장참여자들, 특히 실수요자들의 주택 구입이 재개되면서 시장은 다시 움직일 것이다. 정부가 개입하지 않아도 시장은 움직이게 된다.

2008년 글로벌 금융위기 이후에 경제 상황이 안 좋다 보니 세계 각국은 경제를 회복시키기 위해 금리를 낮췄다. 이자 부담이 없어야 기업이 투자를 하고 소비도 하고 부담이 없어지기 때문이다. 이렇게 하면 유동성이 증가하게 된다. 그러나 현정부가 가격조정이 충분하게 이루어지지 않은 상태에서 1.3 대책과 함께 가계대출을 늘리면서 주택 가격을 인위적으로 유지하고 있어 향후 시장에 부작용이 우려된다.

유동성 증가라는 건 쉽게 설명하면 이런 거다. 사과가 10개가 있고 시장에 천 원이라는 돈이 있다고 해보자. 그럼 사과 한 개의 값을 단편적으로 계산하면 얼마일까? 1,000원/10개 = 100원이 될 것이다. 그런데 금리가 낮아지면 시장에 돈이 풀린다. 대출의 대출을 주게 되면서 신용통화가 생기게 된다. 이것을 '광의통화M2'라고 하는데, 수시입출식 저축성예금을 뜻하는 협의통화M1에 만기

2년 미만의 정기 예·적금과 금융채, 시장형 상품, 실적배당형 상품 등을 포함한 것이다.

이처럼 통화량이 많이 늘어나서 이제 시장에 3천 원이 있다고 가정해보자. 사과는 똑같이 10개가 있다. 그럼 사과 값은 얼마가 되는가? 한 개당 300원이 된다. 100원에서 300원으로 자산가치가 오른다.

화폐가 많이 발행되면 자산가치가 오르게 된다. 자산가치가 올라가기 시작하더라도 저금리라면 사람들은 계속 돈을 빌려서 원자재나 자산에 투자하게 된다. 이것이 장기화되면 자산 거품이 형성되고 일정 기간 뒤에는 인플레이션 상황이 도래하게 되는 것이다.

미국은 40년 만에 최대물가상승률을 기록했는데, 고물가 현상이 지속되자 서둘러 금리 인상에 박차를 가했다. 현재 미국의 기준금리는 4.75%이다. 아마 3월 FOMC회의에서 추가 인상을 하면 5~5.25%의 금리가 될 것이다. 우리나라도 1년 만에 2023년 1월 기준금리가 3.5%가 되었다. 어마어마한 인상 폭이다. 중요한 건 이게 끝이 아니라는 것이다.

금리라는 측면에서는 우리가 일본의 버블 붕괴 시기보다 더 안 좋은 상황이다. 일본은 당시 6~7년 동안 물가상승률이 1%대로 유지됐었다. 그러다 1987년부터 유동성이 증가하면서 물가상승률이 4%로 올랐다. 한편 우리나라는 물가상승률이 1~2%로 유지되다가 2022년 10월에 5.7%를 기록했다.

여기서 더 결정적인 문제가 있다. 물가상승률이 5.7%이고 예금 이자가 3%라면 사람들이 어떻게 할까? 물가상승률이 예금 이자보다 높으니 저축을 하기보다 물건에 투자할 것이다. 반대로 예금 이자가 물가상승률보다 높다면 안정적인 자산관리를 위해 은행에 예금을 할 것이다. 금리가 높으면 대출이 감소하고 통화량도 감소하게 된다.

여기서 유의할 점이 하나 있다. 물가지수를 산출할 때는 여러 재화를 포함하게 되는데 그중 부동산도 있다. 미국의 경우 부동산 재화의 가격이나 렌탈비를 물가지수에 포함하는데, 그 비중이 32% 정도 된다. 그런데 우리나라는 물가에 부동산의 비중을 15% 정도밖에 두지 않는다. 만약 우리나라 소비자 물가지수 산정을 미국 등 다른 선진국과 똑같이 한다면 우리나라 물가상승률도 거의 7% 수준이 될 것이다. 실로 심각한 상황이다.

불과 1, 2년 사이에 물가가 터무니없이 올랐다. 그러면 자산이 어디로 가겠는가? 원자재 투자로 흘러간다. 이런 물가급등 현상을 막으려면 금리를 올려야 한다.

그런데 우리나라는 금리를 많이 올리지도 못하고 있다. 얼마 전에도 0.25%밖에 못 올렸고 2023년 2월에는 금리를 동결했다. 왜 그럴까? 가계부채가 심각하고 우리나라에는 저금리 유동성을 활용해서 대출을 레버리지 삼아 투자한 사람이 너무나 많다. 특히 부동산에 투자한 사람이 많고, 비트코인도 있다. 주식에도 신용대출을 받아서 투자한 사람이 수두룩하다. 그런데 이런 사람들의 소득은 제한적이다.

이런 상황에서 금리가 올라가게 되면, 이자상환부담이 증가하여 임계점을 넘게된다. 그러면 주식에서는 반대매매가 벌어지고 부동산은 경매 물건이 속출할 가능성이 크다. 많은 사람이 위기에 빠지게 되는 것이다. 안타깝게도 그런 시장이 오고 있다는 신호가 너무나 많은 것이 현실이다. 이에 대한 대비가 필요한 시기이다

## 세계 경기침체 정도에 주목하자

미국 시카고대학과 〈파이낸셜타임스〉라는 거대 언론

사가 얼마 전 경제학자 50명을 대상으로 설문조사를 했다. '2023년에 미국에 경제위기가 올 것인가'라는 질문에 70%는 '무조건 온다'라고 답했고, 10%는 '올 것 같다'라고 답했다. 단 10%만이 '경제위기가 오지 않을 것'이라고 답했다.

미 연방준비제도의 제롬 파월 의장이나 미국 재무부 장관인 재닛 옐런도 경기침체에 대비해야 한다고 공공연히 말한다. 따라서 지금은 아주 보수적으로 경기침체에 대비해야 할 때다.

그럼 우리는 어떻게 대비해야 할까? 현재 대출이 많다면 당연히 대출은 힘닿는 데까지 줄여놓아야 한다. 무리하게 투자하는 것도 그만둬야 한다. 현금을 최대한 확보하고 때를 기다려야 한다.

앞서 언급한 미국의 조사에서 경제침체가 올 확률이 80%라고 했다. 정말 침체가 오면 자산 가격이 하락한다. 6억 원이던 집값이 3억 원이 될 수도 있는 것이다.

금리가 짧은 시간에 많이 오르면 부담을 느끼는 사람들이 어떻게 될지는 대충 예측될 것이다. 2022년 10월에서 12월까지, 서울 아파트 경매 물량이 한 달 사이에 두 배로 늘었다. 10월에 서울의 아파트, 상가, 오피스텔 다 합해서 천 몇백 건 수준이었는데 11월에 2,600건 정도로 늘었다. 2023년 1월의 아파트 경매건수는 전년 동월대비 4배이상 급증했다.

주택 매입 시 변동금리로 대출받은 사람들이 있고 고정금리로 대출받은 사람들도 있다. 고정금리는 주로 주택에 해당하지만, 우리 경제 주체들은 주택담보대출뿐 아니라 신용대출도 추가로 받는 경우가 많기 때문에 변동금리에 따라 이자를 내는 사람이 많다. 83%가 변동금리다. 변동금리는 3개월 또는 6개월마다 금리를 다시 계산해서 설정한다.

2023년 2월 1일 미국이 금리를 0.25% 인상해 현재 미국의 기준금리는 4.75%다. 향후 2023년 3월 연준 FOMC 회의에서도 금리를 인상할 것으로 보인다. 그러면 5~5.25%의 기준금리가 된다.

한국은행도 미국의 금리 인상 추이를 따라갈 수밖에 없을 것이다. 코픽스 금리를 기준으로 통상 6개월마다 변동금리가 조정된다. 2023년 1월부터 대출금리가 상당한 폭으로 인상되고 대출이자 부담이 본격적으로 가중되기 시작하고 있다. 과도한 레버리지를 받은 사람들이 과연 버틸 수 있을 것인가? 이걸로 끝나는 것이 아니라 미국의 물가가 잡히지 않을 경우 추가적으로 기준금리가 인상될 것도 염두에 두어야 한다.

정부에서 특례보금자리론 39조 6천억을 투입하는 것이 신규주택 구입 지원 목적도 있지만 대환대출을 통한 부채가 심한 가구의 부실을 막기 위한 부분도 있다. 이러한 금리 수준에서 못 버틸 사람들이 많다는 게 한국은행의 2022년 12월 금융보고서에서 이미 확인되었다. 그런데 그 금액이 40조로 한정되어 있고 1년간만 시행한다고 하니, 여기에 해당하지 못한 사람들은 당연히 은행으로 갈 것이다.

은행이 무엇인가? 사실 은행이란 금융산업 자본주의의 리더다. 그럼 금융산업 자본주의의 목적은 무엇인가? 경제주체들의 채무를 늘리는 것이다. 그래야 지속적으로 수익이 발생하기 때문이다. 사람들이 빚을 다 다 갚으면 은행이 먹고살 수 있을까? 당연히 아니다.

물론 경제 시스템상에서 은행이 공익적 역할을 하는 부분도 있다. 또한 이들의 영업 행위를 감독하는 금융위원회, 금융감독원 등의 공익적인 기관도 존재한다. 만약 금융기관들이 탐욕에 불타서 이자만 노리고 운영하다 보면 결국은 국가 경제에 문제가 생길 수도 있기 때문에 이를 방지하기 위해 세계 각국은 금융감독원 같은 기구를 두고 있다.

또한 스위스 바젤협회라는 국제금융협약기구가 있어 협약을 맺어 투명성, 자기자본 규제 비율 등 금융 규제 사항에 대해 세계 각국이 모여 합의를 한다. 여기에 합의하지 않은 나라는 국가 간이나 은행 간에 자금을 빌릴 때 콜 금리를 쓰게 되므로 금리가 높아진다. 그렇기 때문에 대부분의 국가가 이에 합의하고 지킨다.

예를 들어 2023년 1월부터 3월 사이에 채권자가 버티지 못한다면, 연체가 3개월이 넘게 될 것이고 은행은 이를 '고정 이하 여신'이라고 해서 부실 채권으로 취급한다. 그런 다음 은행들이 직접 다루지 않고 채권 추심 기관에 넘긴다. 즉 연체가 3개월이 지나면 채권회수를 위해 경매가 진행된다. 감정평가를 한 후 경매입찰을 위한 과정을 거쳐 5~6개월 뒤에 경매에 붙인다.

이미 경매가 늘어나고 있고 앞으로는 더 많이 나올 것이다. 그래서 경제 공부를 많이 한 사람이라면 이미 투자 자산을 다 처리하고 현금을 비축하고 투자 시기를 저울질하고 있다.

## 일본형 장기침체 우려에 대한 예측

금리가 인상되면서 가계부채가 한계점을 넘으면 가계 파산과 함께 금융경색이 동반되고 그동안 거품이 껴 있던 자산 가격이 하락하게 된다. 일본처럼 말이다. 앞서 말했듯 우리나라와 일본의 인구구조가 유사하다. 아니, 우리나라가 더 안 좋다. 일본은 버블 당시에도 출산율이 1~1.4%를 유지했지만 우리나라는 2020년부터 1% 이하로 떨어졌기 때문이다.

출산율 저하에는 라이프스타일의 변화라는 요인도 있겠지만 부동산 문제가 제일 크다고 본다. 우리나라의 주택보급률을 보면 2010년에 110%, 2020년에 105%였다. 10년이 지나는 동안 거의 똑같다. 이처럼 공급이 모자라니 유동성 증가와 함께 집값이 오를 수밖에 없는 구조였던 것이다.

결론적으로 우리나라가 일본형 장기침체에 빠질 수 있는 요건이 80% 이상 갖춰졌다. 마음의 준비가 필요하다. 다만 일본은 기업부채가 많았고 우리나라는 가계부채가 많은 게 차이점이다.

한국과 일본 모두 경기 둔화기 또는 경제와 부동산 침

체기에 경기회복을 위한 저금리 및 금융완화 정책을 전방위적으로 강력하게 펼치던 시기에 부동산 거품이 형성되었다. 저금리 현상과 대출 완화 정책이 펼쳐지고 안전자산 선호현상이 커지면서 부동산 상승과 함께 투자와 투기가 성행하게 된 점도 유사하다. 여기에 금융기관의 과다한 부동산 관련 대출이 급증한 것도, 그리고 대도시에서 지방 전국으로 거품이 확산되는 양상도 비슷하다.

부동산 거품이 제거되는 과정에서 과다 대출자들의 붕괴를 초래하여 자칫 금융위기로 이어지는 단초가 될 수도 있다. 부동산 가격 하락으로 미분양이 증가하게 되면 건설사의 부실이 금융권 PF 대출의 부실채무로 이어지게 되면 가계부채 문제와 함께 그 폐해가 배가될 수 있다. 이럴 경우 가계의 소비 부진이 경기침체로 이어지는 한편, 주택담보대출 비중이 높은 금융기관이 부실화되면서 '가계발 복합불황'이 도래할 수 있다. 따라서 향후 예견되는 복합불황 가능성이 해소되기 전까지 무리한 공격적 투자는 자제하고 보수적 자세로 시장을 지켜보는 것이 좋다고 본다.

사실 우리나라는 어떤 면에서는 운이 좋은 것이라고도 볼 수 있다. 일본의 사례를 반면교사로 삼을 수 있기 때문이다. 금융당국이나 정부가 정신 똑바로 차리고 대비하면 심각한 피해는 막을 수 있을 것이다. 역사적으로 급격한 경기침체가 오면 결국에는 서민들이 더 피해를 보았다. 기득권은 충분한 자산을 가지고 있기 때문에 '서핑을 탄다'는 말을 한다. 자산 가격이 내려가면 싸니까 줍고, 가격이 올라가면 차익을 남기며 판다는 뜻이다. 현금을 잔뜩 가진 자들이 경기침체를 기회로 삼아 자산을 불리는 동안 생업에 바쁜 서민들이 피해를 보는 것이다.

우리나라뿐 아니라 전 세계가 이런 양극화 문제를 안고 있고, 그래서 자본주의의 한계에 대한 이야기가 나오는 것이다. 우리 젊은 세대가 한번쯤 이런 부분에 대해, 우리가 살고 있는 경제 시스템에 대해 생각해볼 필요가 있다.

일본형 장기침체가 온다면 가장 피해를 크게 입을 중산층 및 서민들의 사회안전망 구축을 위해 노력해야 할 것이다. 먼저 현재 진행 중인 특정 지역의 투기적 가수요를 철저히 차단하고, 국가 경제에 대한 충격을 최소화하기 위해서는 부동산 시장의 연착륙을 유도해야 한다. 특히 총선과 대선 등에서 무리한 지역개발 공약을 자제해, 지가의 급등현상을 억제해야 한다. 고령화-저출산 사회

구조에 맞는 적절한 주택 정책을 펼쳐야 할 것이다. 주택에 대한 수요와 니즈에 맞춰 주택을 공급해야 한다.

또한 주택을 담보로 한 대출이 급증한 상태에서 부동산 거품이 붕괴할 경우 중산층 이하 계층의 개인파산 신청이 증가할 것이다. 만일 이러한 과정이 발생한다면 정부는 도덕적 해이는 철저하게 막고 실제 서민 등에게 실질적인 도움을 줄 수 있는 서민금융지원 시스템을 신속하게 시행할 필요가 있다.

## 04
# 과거 경제위기가 주는 교훈

## IMF 외환위기와 글로벌 금융위기

앞으로 어떻게 될지를 예측하기 위해서는 과거를 살펴볼 필요도 있다. 역사적으로 가장 가까운 경기침체인 1997년 IMF 위기와 2008년 글로벌 금융위기를 비교해보자. 먼저 IMF 위기가 왜 터졌는지에 관해서는 이미 아는 사람이 많을 것이다. 다시 한번 정리해보겠다.

1947년 시작된 관세 및 무역에 관한 일반협정 체제GATT를 대체하기 위해 1995년 세계무역기구WTO가 출범했다.

세계 자유무역 체제가 된 것이다. 자유무역, 시장개방 전략과 더불어 금융 자유화 과정이 있었다. 당시 우리나라 김영삼 정부는 OECD 가입과 함께 금융선진화 조치를 시행했다. 또한 노동시장 유연화 정책과 금융개방 정책을 시행하면서 개방으로 인한 위험을 수반했다.

또한 국가의 전폭적인 지원 아래 방만한 운영을 하던 재벌 기업들은 개방 체제하에서도 재무구조 건전성이 악화하는 와중에 해외 금융시장에서 자금 조달을 확대했고 금융기관들도 엄격한 리스크 평가나 관리 없이 기업과 가계에 대출을 늘렸다. 이처럼 기업들의 자본 부실과 부채 과다로 기업과 금융기관의 유동성 위기가 발생했고, 그 결과가 IMF 외환위기였다.

그럼 2008년 글로벌 금융위기는 왜 터졌을까? 그 이유를 이해하기 위해서는 먼저 신용파생상품에 대해 알아야 한다. 신용파생상품credit derivatives이란 주식, 채권 등의 금융상품을 기초자산으로, 기초자산의 가치 변동에 따라 가격이 결정되는 금융상품이다.

현재 미국은 제조업 강국이라기보다는 금융 선진국이다. 반면 중국은 제조업이 강한 나라다. 지금 미·중 무역전쟁이 벌어진 이유가 바로 여기서 출발한다. 금융 선진국이 할 수 있는 게 뭘까? 금융으로 수익을 창출하는 것이다.

그래서 미국은 주택저당증권MBS이라는 파생상품을 만들었다. 주택저당증권이란 주택이나 토지를 담보로 발행되는 채권을 말한다. 대출을 해주면 대출한 권리가 있다. 원금이 얼마짜리고, 이자를 1년에 얼마를 받는지에 대한 권리를 상품화해서 파는 게 MBS다. 예를 들어 "내가 이자를 3% 받는 물건인데 당신이 투자하면 나는 1%만 혹은 수수료만 가지고 당신이 2% 가지세요"라고 하는 것이

| CDO와 CDS | |
|---|---|
| CDO (Collateralized Debt Obligation, 부채담보부 증권) | 금융기관이 신용대출채권과 담보대출 채권을 한데 묶어 특수목적기구(SPV:Special Purpose Vehicle)에 이전하거나 직접 선순위채권과 후순위채권으로 묶어 구조화한 CDO를 발행 투자자에게 판매. 대출채권의 유동화를 통해 재대출 반복, 미국의 서브프라임 모기지 사태 발생 후 mbs(모기지 대출채권)을 담보로한 CDO 가격이 폭락하면서 글로벌 금융위기를 초래한 주범으로 인식. |
| CDS (Credit Default Swap, 신용부도스와프) | 1990년대 미국의 투자은행인 JP모건체이스가 처음 개발한 파생상품으로 CDO등이 부실화 될 경우 손실을 보전해주는 보험성격의 신용파생상품. 국가, 기업의 은행의 채권,회사채등에 대해 보증료를 받고 보증하는 상품. |

라고 보면 된다.

이 파생상품은 금융기관의 대출 확대를 가능하게 했고 수익이 증가했다. 그러자 여러 가지 다른 파생상품이 나오기 시작했다. 부채담보부증권CDO, 신용부도스와프CDS 등의 추가적 파생상품이 등장했다.

그렇게 나온 파생상품들은 대출채권 등의 유동화를 발생시키면서 금융기관의 추가적 대출이 가능하게 되었고 통화량이 급증하기 시작했다. 리먼브라더스가 신용부도스와프를 발행했다. 파생상품에 투자하는 투자자들이 손해를 볼까 봐 불안한 심리를 이용해 그 파생상품에 대한 보험을 들어주고 수수료를 수취하는 게 신용부도스와프다. 거대상업은행이 보험을 통해 파생상품의 리스크를 제거해준다는 신뢰를 바탕으로 파생상품의 전성시대가 열린 것이다.

문제는 리먼브라더스가 이것을 남발한 것이다. 리먼브라더스는 신용부도스와프를 마구잡이로 팔았고, 금융기관들은 이 보험 상품만 믿고 대출을 무작위로 해주기 시작했다. 예를 들어 주택을 사는데 주택이 100원짜리면 100원을 대출해주고, 집값이 10원 오르면 110원을 다 대출해줬다. 상환능력이 안 되는 사람들한테도 무작위로 대출을 해준 것이다. 미국도 우리처럼 대출로 쌓아 올린 집 값이었고, 이것이 정점에 이르러 거품이 꺼지고 만다. 갑자기 연체율이 늘어나기 시작했다.

주택 가격이 임계점을 초과하게 되면 소득이 이자를 부담하지 못한다. 파생상품이 부도가 나기 시작했고 리먼브라더스는 이에 대한 손해를 보상해줘야 했으나 이미 과도하게 부실채권에 대한 보증을 선 바람에 보험료를 지급할 능력이 안 되었다. 이에 리먼브라더스가 파산하고 만 것이다.

결국 집값은 폭락했다. 손실이 발생하자 파생상품을 통해 돈 번 사람들은 싹 빠지고 피해를 입은 건 대출을 받은 사람들, 서민들이었다. 그리고 이 거품이 꺼지자 그 여파가 전 세계로 퍼지면서 글로벌 경제위기가 왔다.

요컨대 모기지(주택담보대출) 업체들이 부동산 호황기를 이용해 상환능력이 없는 사람들에게도 무리하게 대출해주었고, 주택 관련한 파생상품들이 복잡하게 얽히고설켜 버렸다. 이런 채권 부실 사태가 도미노처럼 급속하게 퍼져나갈 수밖에 없는 구조를 만든 것이다.

2005년에 부동산 경기가 주춤해지면서 대출 연체자가 증가했다. 우려는 현실로 나타나, 서브프라임 모기지, 즉

저신용 주택담보대출의 연체율이 상승하면서 모기지 업체가 어려워졌고 주택담보부 유동화 증권MBS의 가격이 떨어졌다. 그 결과 파생상품에 대규모 손실이 발생하기 시작했고, 결국 신용부도스와프가 부실해지면서 금융 파산으로 이어진 것이다.

미국의 주택 가격 폭락과 함께 대한민국 부동산도 2008년 3월 평균 11억이던 대치동 은마아파트(전용 77㎡) 거래가는 12월에는 7억 원 대로 떨어졌다. 압구정동 현대아파트(전용 130㎡)도 2007년 4월 25억 5천만 원에서 2009년 1월 18억 원대로 7억 원 넘게 조정되는 등 가격 하락이 본격화되었었다.

이 서브프라임 사태가 미국에서 터지자 전 세계 선진국들이 모여 대책을 논의했다. 그전까지 G7이라고 해서 7개국만 모였는데, 이때 처음으로 20개국이 모인 G20이 개최되었다. 여기에는 우리나라도 포함되었다.

이들이 모여서 명목상으로는 기후환경에 대해서도 논의했지만 진짜 목적은 미국발 금융위기에 대한 전 세계의 협조를 요청하는 자리였다. 일단 미국이 어려운 상황에 빠진 상황에서 만약 다른 나라가 미국 국채를 팔아버리면 기축통화인 달러가 위태로워지고 국가부도까지 갈 수 있었다. 그러니 당분간 부도 나는 걸 서로 유예하고 막아주기로 합의한 것이다. 강대국 미국의 힘이 작동했다.

전 세계적인 경제위기가 터졌으니 각국은 금리를 낮추고 재정 확대를 통해 위기를 일단 넘겼다. 한마디로 빚잔치를 해야 하는 상황에서 전 세계가 정부재정 투입과 양적완화 그리고 저금리 정책으로 위기를 막으려고 했다.

그런데 저금리 정책으로 인해 유동성이 풍부해지면서 통화량이 증가했다. 2009년부터 2016년까지 0.25%라는 초저금리 정책이 너무 긴 시간 유지되면서 유동성은 극대화되었고, 자산 거품과 물가 상승에 대한 우려가 여기저기서 나타났다. 이러한 인위적, 조작적 정책 속에 미국은 2010년부터 2020년 코로나 사태가 발생하기 직전까지 2~3%의 경제성장률을 유지해왔다.

미국의 초저금리 정책과 양적완화 정책으로 유동성이 확대되다가 잠재물가 상승 여력이 최고점에 다다르면서, 미국은 2017년 0.5%를 시작으로 2019년 2.5% 점진적 긴축 및 단계적 금리 인상을 했다. 그러나 예상치 못한 코로나발 경기침체가 나타났고, 미국의 물가안정 정책을 필두로 한 긴축 정책은 즉시 무력화되었다. 2020년에 다시 0.25%의 초저금리 정책이 펼쳐지는 상황이 되었다.

이 시기에 투자 붐이 형성되었고 사람들의 심리가 거의 광기에 이르면서 전 세계가 '예측 가능한 비합리적 행동'을 하기 시작했다. 경제 논리도 그 흐름을 잡을 수 없게 된다. 아이작 뉴턴처럼 머리 좋은 사람도 주식을 해서 엄청난 돈을 잃었다는 건 유명한 일화인데, 그는 "내가 천체의 운행은 계산할 수 있어도 인간의 광기는 계산할 수 없다"라고 말했다.

이처럼 우리가 미처 인식하지 못하는 심리적인 요인에다 언론의 부추김이라든가 엄청난 유동성 확대 같은 다른 요인이 결합하면 붐을 형성한 뒤 거품으로 가게 되고 결국 경제문제가 터지고 만다. 물가가 급등할 때 물가를 잡지 못한 나라들은 영락없이 국가부도 내지 경제위기를 겪었고 아직도 경제침체가 진행 중이다.

코로나발 저금리 상황이 이어지자 전 세계 자산 가격은 상승 수위를 넘어 거품을 형성하게 되었고, 인플레이션과 경제위기 공포는 현실로 나타날 수밖에 없었다. 2022년 1월 7.5%로 물가가 치솟더니 6개월 만인 2022년 7월에는 1982년 이후 40년 만의 최대치인 9.1%까지 폭등했다.

코로나가 종식되기 전임에도 미국의 물가가 본격적으

로 상승하기 시작했다. 당연히 미국은 금리를 급하게 올릴 수밖에 없었고 미국 역사상 두 번째로 빠르게 금리를 인상했다. 불과 1년 전 0.25~0.5%였던 기준금리가 2023년 2월 1일 기준 4.75%가 되었다. 저금리의 종식과 함께 금리 인상과 조정의 장이 열리기 시작한 것이다.

미국의 물가가 쉽게 잡히지 않을 경우 미 연준은 추가 금리 인상을 할 것이다. 고금리로 인한 경기침체가 다가올 것에 대비한 자산관리 전략이 필요한 때다.


## 다가오는 또 한 번의 경기침체

글로벌 금융위가 터지고 나서 우리나라의 금리는 2009~2010년에 2.0%에서 3%대였다. 그러다 2014년부터 다시 2.0%에서 1.5%가 되었고 2020년 0.5%가 되었다. 무려 10년 동안 사실상 2.0% 이하, 심지어 0.5%의 저금리 시대를 지내왔다.

불과 얼마 전까지 우리는 저금리를 유지해왔다. 코로나 사태로 돈을 더 풀 수밖에 없었고 러시아·우크라이나 전쟁까지 터져버렸다. 러시아와 우크라이나에는 원유만 있다고 생각할지 모르겠지만 가스나 식량도 있다. 요즘 빵값이 많이 올랐는데 전 세계 밀가루의 40% 가까이가 우크라이나 곡창지대에서 나온다. 전쟁으로 파종도 못 하는 상황이니 있는 재고를 다 팔면 그다음엔 어떻게 될까? 밀을 심는다고 바로 추수할 수 있는 것도 아닌데 말이다. 그러니 식량 원자재 값이 쉽게 내려가지 않을 것이다.

특히 올해 라니냐 현상이 지속되면서 지구의 북반구는 한랭 현상이, 남반구는 고온건조 현상과 홍수 가뭄 등이 짓눌렀다. 이로 인해 세계 곡창지대들의 농산물 출하가 2021년에 이어 또 감소하고 있다. 이미 2022년 7월 주요 농산물 수출국가들이 수출 금지 혹은 제한을 시작했다. 자급자족이 되지 않는 우리나라의 경우 곧 식량 수입 가격이 올라가게 되면 물가 상승의 새로운 장벽을 맞이할 수도 있다.

이런 부분까지 감안하면 우리나라를 비롯하여 전 세계에 금융위기가 아직도 수면 아래에서 지속되고 있다고 판단된다. 2023년에 미국은 물가가 잡힐 때까지 금리를 올릴 것이다. 이 상황에 대비해야 한다는 걸 다시 한번 강조하고 싶다. 무탈하게 지나가면 다행이지만 말이다

이러한 여건하에서 다음 그래프를 보면 경기침체에 대

**IMF 외환위기와 글로벌 금융위기**

— GDP 대비 가계부채     — GDP 대비 기업부채

(단위: %)

1999년 1분기: 113.6     2020년 4분기: 111.1

2020년 4분기: 103.8

\* 2022년 상반기 가계부채 104.6%, 기업부채 116.6%
자료: 한국경제연구원/Bis credit statistics

한 대비가 필요하다는 것이 더 명확해진다.

1962년부터 2017년까지 우리나라의 가계부채와 기업부채를 나타낸 그래프다. 2017년이면 아직 경제가 좋을 때고 부동산 가격은 폭등할 때다. 지금은 당연히 그때보다도 부채가 늘어났다. 언론에서는 가계부채만 이야기하는데 기업도 지금 상태가 너무 안 좋다. 1997년 외환위기 때 기업부채가 아주 높을 걸 볼 수 있는데, 외환위기 자체가 기업부채로 인해 발생했으니 당연하다.

2022년 10월 말 기준으로 기업부채는 금융부문을 제외하면 117.9%를 기록하고 있다. IMF 당시 기업부채 수준을 넘어선 것이다. 현재 한계기업이 18%에 달한다. 한계기업이란 3년 연속 영업이익으로 이자도 갚지 못하는 기업들을 말한다. 그런데 지금은 기업부채와 함께 가계부채까지 심각한 수준에 이른 상황이다. 시장 위험 요인이 더 많아졌다는 것이다.

그러므로 시장에 대해 방심하는 일은 없어야 한다. 2023년에 부동산 쪽에서 규제를 추가적으로 완화할 것이다. 서울도 강남 3구를 제외하고 투기과열지구 규제를 풀 수도 있을 것이라고 2021년 11월에 모 방송에서 말한 적이 있다. 그 말인즉슨 규제 완화 정책을 할 거라는 것이었다. 둔촌주공이라는 대형 현장을 살리기 위해 규제 완화를 했다지만 이는 곧 주택 시장이 앞으로 더 하락 조정될 것이라는 신호이기도 한 것이다.

규제 완화 정책에 편승해서 기사가 많이 나왔으나 신생 언론의 역할을 하는 유튜브의 영향으로 일부 기존 언론들의 시장 띄우기 혹은 시장 왜곡 기사들은 예전 같은 힘을 못 쓸 것이다. 우리나라 언론의 신뢰도는 전 세계에

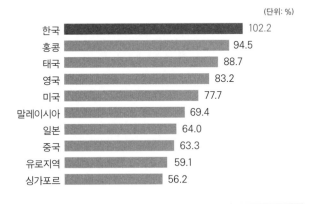

**주요국 가계 부채 비율**

(단위: %)

| 국가 | 비율 |
|------|------|
| 한국 | 102.2 |
| 홍콩 | 94.5 |
| 태국 | 88.7 |
| 영국 | 83.2 |
| 미국 | 77.7 |
| 말레이시아 | 69.4 |
| 일본 | 64.0 |
| 중국 | 63.3 |
| 유로지역 | 59.1 |
| 싱가포르 | 56.2 |

\* 2022년 2분기 기준, 국내총생산(GDP)대비
자료: 국제금융협회(IIF)

서 꼴찌 수준이다. 영국의 언론 신뢰도 검증기관에서 2년째 연속 꼴찌를 하고 있다. 그러므로 언론에 휘둘리지 말고 진실과 팩트를 방송하는 경제와 부동산 유튜브 방송을 점검하고 독자 스스로 여러 지표를 보면서 판단할 수 있어야 한다.

위 그림은 주요국의 가계부채 비율인데 우리나라가 상당히 높다. 가계부채 비율이 상당히 심각한 것이다. 그러므로 안타까운 이야기지만 무리하게 투자했다가 파산하거나 경매로 넘어가는 일도 발생할 것이다. 이런 사태가 연속적으로 이어질 경우 2023년 말이나 2024년이 되면 지금 우리가 상상할 수 없는 가격까지 내려갈 수도 있다.

## 국내와 국외 리스크가
## 동시에 발생할 가능성

만일 이런 경우가 발생한다면 경험하지 못한 집값 폭락이 찾아올 것이다. 안정화라는 표현은 아직 이르다. 여러 가지 요인이 하방을 가리키고 있다. 게다가 외부 요인까지 있다. 집값이 벌써 많이 내려온 곳도 많이 있고 아직 안 내려온 곳도 많이 있다. 입주물량이 많은 곳은 더 내려갈 것이다. 수원, 동탄, 강남도 2023년에 많이 내려갈 것으로 본다. 왜냐하면 입주물량이 2022년 말부터 많아졌기 때문이다.

강남도 못 비켜 가는데 다른 지역이 거품을 그대로 유지할 수 있을까. 거품이 빠진다는 이야기는 2030세대들이 처음 겪어보는 폭락 사태, 강남의 미분양 사태, 집들이 경매에 막 나오는 상황, '하우스푸어'라는 단어가 나오는 상황이다. 실제로 지금도 벌어지고 있지만 본격화되는 시기는 2023년 하반기일 가능성이 많아 보인다.

미 연준 파월 의장이 물가상승률 목표가 2%라고 했다. 그런데 지금 7% 정도니까 아직 갈 길이 멀다. 물론 경제가 너무 위험하다고 판단되면 금리 올리는 속도를 약간 줄일 수는 있다. 그러나 상승을 멈추는 것이지 낮춘다는 건 아니다.

모든 경제학자가 2023년 상반기에 금리 인상을 멈출 것이라고 예측한다. 역사적으로 미국의 경제위기가 14번 정도 있었다. 그중에 10번 정도는 금리가 인상된 상태에서 최소 6개월에서 1년 이상을 계속 유지했다. 이번에도 그대로 따라갈 것이라고 본다. 2023년 상반기까지는 계속해서 금리를 올릴 것으로 보인다.

향후 다가올 경기침체, 금리 인상발 위기에서는 국내와 국외 리스크가 동시에 발생할 가능성이 크다. 2023년 경기침체는 피할 수 없으므로 위기에 대비해서 잘 극복하는 게 답이다. 무리하게 투자한 게 아니라면 너무 두려워만 할 필요는 없다. 경제의 흐름을 보여주는 요인들을 공부하고 준비하다 보면 충분히 새로운 기회가 올 것이다.

언젠가 경제가 회복되면 집값은 또다시 오르게 마련이

다. 그러면 그때 부동산을 매입하는 것이 제일 현명한 투자가 될 것이다. 어려운 시기에는 정부가 규제를 완화하게 되고, 정책금리라고 해서 정부가 좀 고통을 안고 저금리로 대출해줄 수도 있다. 그런 것들을 활용해서 저렴하게 시세 형성이 된 주택을 매입하면 중장기적으로 주택 마련에도 성공하고 투자라는 관점에서도 성공할 수 있을 것이다. 그러기 위해서는 준비를 해야 한다. 준비된 사람만이 기회를 잡을 수 있을 것이다.

## 장단기 금리 역전은 경제침체 신호

최근 미국은 물론 한국도 장기국채금리와 단기국채금리가 역전되며 글로벌 금융 시장의 핵심 이슈로 부상하고 있다. 장단기 금리 역전은 주요 금융 시장 및 경제지표 중에서 경기침체에 대해 예측하기에 가장 정확한 지표 중하나다.

채권이란 정부 공공기관, 회사가 돈을 빌리면서 발행하는 일종의 빚문서, 차용증이다. 일반적으로 일반인도 돈을 빌려줄 때 '이자를 언제 얼마나 지급할지, 원금상환은 언제할지' 조건을 정해서 차용증에 받게 된다. 이는 채권 금리의 만기와 같은 것이다.

'연 5%에 매월 이자 지급'과 '5년 후 원금 5천만 원을 상환'이라는 조건에 돈을 빌린다고 해보자. 만약 돈을 빌려준 사람이 급하게 돈이 필요하면 만기 5년이 되기 전이라도 이 채권(차용증)에 대한 권리를 이자와 원금, 만기일까지 남은 시간 등을 감안해서 다른 사람에게 넘기고 현금을 받을 수 있다. 이때 정해진 가격을 '채권 가격'이라 하고 이러한 권리를 팔고사는 것을 '채권 시장 거래'라고 한다. 채권을 발행하는 주체에 따라 국채, 지방채, 금융채, 회사채 등으로 구분하는데 상환기간에 따라 3년미만이면 단기채권 그 이상이면 장기채권으로 본다.

일반적으로 장기적금의 이율(금리)가 단기적금보다 높은 것처럼 '장기채권금리 〉 단기채권금리'다. 채권시장에서 시장참여자들이 경제가 정상적이고 좋아질 거라고 생각하면 장기금리가 단기금리보다 높게 형성된다. 빌린 사람 입장에서 안정적으로 자금순환 계획을 세울수 있고, 이에 대한 수요가 많기 때문이다.

그런데 경제 상황이 안 좋게 되면 미래에 대한 안정정이 확보되지 않으므로 급전수요가 많아지면서 장기채권에 대한 금리보다 단기금리가 높아지게 된다. 현 상황을 넘겨야 미래가 있기 때문에 어려운 상황을 극복하기 위한 단기채권 수요가 많아지면서 단기채권금리가 상승하게 된다. 이는 곧 경제 시스템과 시장참여자들에게 어려운 상황이 전개되고 있다고 예측할 수 있다.

장단기 금리 차이는 10년물 국채금리와 2년물, 3개월물 국채금리와의 차이로 단기금리가 높을 경우 장단기 금리 역전이라고 말한다. 미국 경제보고서에 의하면 1960년 이후 미국에 총 7차례의 경기침체가 있었는데, 모든 침체기에 앞서 장단기 금리가 역전되었다. 이 중 한 번을 제외하고 장단기 금리(10년 금리-3개월 금리)의 금리 역전 후 5개월에서 23개월 후에 경제 침체국면에 진입했다. 2차세계대전 이후 현재까지 미국의 금리 인상 시기가 14번 있었고 이중 11번이 경기침체로 이어졌다.

종합해보면, 금리 인상이 있고 장단기 금리 역전 현상이 동시에 발생하면 극심한 경제침체나 위기 또는 일반적 경기침체가 올 수 있다고 예측하는 것이 합리적인 판단이다.

반면 일부 월가 전문가들은 1978년, 2006년, 2019년에도 금리 역전이 발생했음에도 불구하고 침체가 나타나지

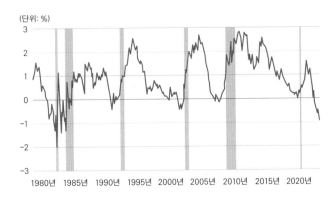

**10년물 2년물 금리차**

(단위: %)

자료: FRED

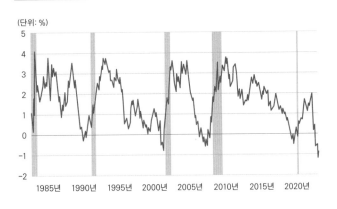

**10년물 3개월물 금리차**

(단위: %)

자료: FRED

않았다고 예측하기도 한다. 물론 그럴 수도 있겠지만 우리가 자산관리 차원에서는 위험에 대한 대비를 하는 것이 합리적이고 본다. 그리고 그 당시에는 1979년에 물가 상승으로 이후 경기침체가 있었고 2008년 금융위기가 발생했다는 점도 같이 보아야 할 것이다.

장기불황으로 갈 것인가,
경제 재도약의 기회가 될 것인가.

# 2부

# 향후 3년, 5년, 10년의
# 부동산 미래

THE CRASH

# 01
# 큰 폭의 조정장이 온다

## 큰 폭의 조정장이 진행될 것이다

이제부터 3년, 5년 후 집값이 어떻게 될지 한번 예측해보자. 현재 주택 가격을 부담할 수 있는 유효 수요자가 많을까? 많지 않을 것 같다. 앞서 22021년 이미 가격이 임계점을 돌파했다고 설명했다. 그래서 나는 2022년 상반기 상승장은 이번 사이클의 마지막 불꽃이었다고 생각한다. 이 말은 불꽃이 일단 꺼진다는 뜻이다.

앞으로 비가 올 수도 있다. 2022년 하반기 들어서 주택 시장에 국지적, 차별적으로 하락하는 곳이 많았다. 2023년 1월이 되면서 하락 현상이 전국으로 확산되고 있다. 현재 2023년 2월 기준으로 하락을 시작한 지 불과 8개월밖에 안 됐다. 7년 동안 상승한 주택 가격이 고작 8개월 만에 하락을 멈추고 정상화되기는 어렵다.

인천 송도를 비롯한 인천 지역, 안양, 수원, 대구, 서울 노원구 등 단기간에 상당 폭의 하락이 일어난 지역도 많다. 그렇다고 하락이 끝난 것은 아니다. 추가적으로 하락 조정될 가능성이 여전히 남아 있다. 하락 조정이 10~20% 선인 지역들도 향후 추가 하락 조정이 일어날 가능성이 크다. 그 이유는 다음과 같이 요약할 수 있다.

1. 미국 기준금리 인상: 2023년 최고 5~5.5% 인상 가능성
2. 미국발 경제침체 시 전 세계 경제침체로 전이
3. 국내 무역적자 심화
4. 미분양 증가와 부동산 PF 부실 가능성
5. 역전세난과 입주물량 증가

하나씩 살펴보자. 우선 미국의 금리 인상 속도가 역대 최고 수준으로 진행되어 2023년 2월 기준금리가 4.75%

다. 아마 3월이면 5~5.25%가 될 가능성이 많다. 전 세계가 금리 인상을 하고 경기침체가 일어나면 일부 신흥국에서는 '긴축발작'이 일어날 가능성도 있다. 긴축발작이란 미국의 양적완화 정책이 긴축으로 전환될 때 금융시장과 일부 국가들이 겪는 충격을 말한다. 이미 몇몇 나라(스리랑카, 방글라데시 등)는 부도 사태를 맞았고 IMF에 구제 신청을 했다.

2022년 11월에는 스위스 2대 금융기관이자 유서 깊은 투자은행 크레디트스위스가 파산 위기에 있다는 이야기가 들려왔다. '뱅크런bank run'이라고 들어봤을 것이다. 경제위기로 금융시장에 위기감이 조성되면서 예금을 못 찾을 것을 우려한 고객들이 집중적으로 예금을 인출하는 사태를 말한다. 이런 일은 정말 심각한 경제위기 때나 벌어지는 일이다.

항상 예금과 입출금을 해주기 위해 은행의 지불준비율이 보통 10% 정도 된다. 그 어마어마한 자산을 지닌 크레이트스위스 은행에서 한 달 만에 6%의 예금이 인출되면서 주가는 바닥으로 떨어졌다. 지불준비율 10%의 돈 중에서 6%가 인출되었다면 4%밖에 안 남았는데 이 4%까지 더 빠지고 나면 고객들한테 돌려줄 돈이 없어지는 것이다. 나머지 고객들 중 일부가 한꺼번에 예금을 인출하면 크레이트스위트는 파산하는 것이다.

그래서 크레이트스위스는 부랴부랴 사우디아라비아의 슈퍼리치인 빈 살만 왕세자에게 사정하다시피 했고, 유상 증자를 통해 사우디 국립은행의 투자를 받아 위기를 넘겼다. 이전에는 보지 못한 현상들이 일어나고 있는 것이다. 2023년은 합리적이고 이성적인 판단을 기본으로 세계 경제 상황을 주시하고 대응하는 것이 절대적으로 필요한 시기다.

두 번째는 미국의 경기침체와 세계 경기침체 확산 가능성이다. 미국에 경기침체가 온다는 것은 이미 파월 연준의장의 몇 번의 발언에서 유추할 수 있다. 또한 2023년 1월 〈월스트리트저널〉에서 미국의 경제학자 50명을 대상으로 설문조사를 했는데, 61%가 경기침체를 전망했다. 2023년 1월 16일 세계경제포럼인 다보스포럼 총회에서도 세계 수석경제학자 50인을 대상으로 경제전망을 물었는데 유럽에 대해서는 100% 저성장으로 예상했고, 미국에 대해서는 91%가 성장약화 또는 매우 약화, 즉 경기침체를 전망했다.

미국의 경제역사를 보면 장단기 금리가 역전될 경우 어

김없이 경기침체가 일어났다. 미국 금리 인상이 지속적으로 진행된 평균 30개월 뒤에 경제위기나 경기침체가 왔다. 2023년 하반기부터는 미국 경기침체가 일어날 가능성이 높아 보이며, 이를 시작으로 전 세계가 동시에 경기침체로 빠질 가능성이 크다. 이는 곧 자산 가격의 하락에 영향을 미칠 것이다.

세 번째, 국내 무역적자가 심화되고 있어 향후 환율에 악영향이 미칠 수 있다는 점이다. 무역적자가 지속적으로 발생할 경우 국내 경기침체가 심화될 수도 있다. 우리나라는 2022년 3월부터 2023년 2월까지 12개월 연속 적자를 기록하고 있다. 이는 외환위기 전인 1997년 이후 최장 적자 기간이다. 2023년 1월 적자 폭 126억 달러는 1956년 관련 통계를 시작한 이래 역대 최대적자를 기록했다. 이러한 수출 감소가 앞으로도 이어질 것이라는 전망이 많다.

IMF의 2023년 한국경제전망도 무시할 수 없다. 2023년 세계 경제성장률을 2.9%로 전망하면서 한국의 경제성장률을 1.7%로 하향 조정했다는 사실은 주목할 부분이다. 무역적자 심화와 부동산 가격 하락이 주원인으로 명시된 점은 부동산 하락이 상승으로 반전할 것이라는 기대가 성급하다는 것을 보여준다.

네 번째는 미분양 증가와 부동산 PF 부실의 문제다. 2023년 1월 말 기준으로 전국 미분양 현황은 7만 5359가구로 급증했다. 2023년 상반기 중으로 미분양 주택 수가 10만 호를 넘을 것으로 보인다. 하락기에 접어들어 미분양이 증가하면, 이는 PF 부실 현장의 부실로 이어지게 되어 있다.

정부가 일단 미분양 현장 및 PF 부실 가능성이 있는 현장에 대해 유동성을 공급해 금융사로의 부실 이전을 막는다고 한다. 물론 유동성 공급을 통해 일시적 위기를 지원하는 것은 가능하나, 문제는 부실한 현장을 국민의 세금으로 지원하면서 회생 가능성이 없는 곳들마저 명맥을 이어갈 경우 2011년처럼 부실이 나중에 터질 수 있다는 것이다.

2011년 부산상호저축은행을 비롯한 금융기관 16곳이 영업정지 및 부도 사태를 맞았었다. 2012년에는 8개 저축은행이 영업정지를 당하는 일이 벌어졌다. 이후 저축은행 대부분은 무리한 부동산 PF 사업을 하지 않았다. 반면 증권사 등 제2 금융기관들이 과도한 수익을 기대하며 부동산 브릿지대출을 비롯한 부동산 PF 대출을 많이 했다.

2022년 정부의 긴급 지원을 통해 일단은 무사히 넘기더라도 미분양이 해소되지 않을 경우 제2의 저축은행 사태와 같은 일이 증권사 등에서 벌어질 가능성이 있다. 분양가를 낮추어 분양하지 않는 이상 우려하는 일이 현실이 될 가능성이 여전히 남아 있어 부동산 시장에 하방 심리를 강화할 수 있다.

## 부동산 가격이 상승하기 위한 조건

앞으로 3년, 5년, 10년 후의 부동산 시장은 어떻게 될 것인가? 많은 사람이 궁금해하는 점이다. 경제 상황의 변화에 따라 변동성은 존재하지만 경제 사이클과 국내외의 경제 여건을 감안하면 (천재지변이 없다고 가정할 경우) 어느 정도는 예측이 가능하다.

이를 예측하기 위해서는 우선 부동산 상승의 기본적인 조건을 알고 시장을 볼 필요가 있다. 부동산 가격의 상승과 하락의 펀더멘털과 요인을 참조하면 누구나 시장을 쉽게 판단할 수 있다. 앞으로 다룰 부동산 상승의 펀더멘털을 참조하면 시장 예측에 도움이 될 것이다.

## 부동산 상승의 펀더멘털

- 경제 성장과 경제구조
  - 제조업 발전 수출·고용 증가
  - 경제성장률 5% 이상~10%

- 인구 증가
  - 생산가능인구의 증가(15~64세)
  - 핵심구매연령층의 증가(35~54세)

- 소득 증가
  - 소득분배율의 증가(15~64세)
  - 정부의 금리, 대출 정책

- 세가지 모두 충족
  상승 및 폭등

- 두가지 충족
  소폭 상승
  지역별, 국지화

- 한 가지만 충족

- 보합 + 상승

부동산 상승의 첫 번째 펀더멘털은 경제성장과 경제 산업구조의 발전이다. 제조업이 발전하면 공장이 늘어나고, 그러면 고용이 늘어난다. 고용이 늘어나면 인구가 증가하고, 증가한 인구가 거주할 주택과 부대시설이 더 필요하게 되고, 주택 및 상업시설 등의 가격이 상승하게 된다. 특히 우리나라 같은 수출 중심 국가는 수출 증가와 함께 외화를 벌어들이고 이것이 소득 증가로 이어지게 된다.

소득이 증가하면, 즉 돈이 생기면 뭘 할까? 실컷 먹고 쓰고 좋은 차, 좋은 집을 사는 수순을 밟는다. 그러면 주택 가격이 오를 것이다. 결국 경제성장이 지속될 때 경제

성장률이 적어도 5~10%가 되어야 부동산이 상승할 기본 체력을 확실히 갖춘 것이다.

부동산 상승의 두 번째 펀더멘털은 인구 증가다. 특히 생산가능인구의 증가가 중요하다. 경제성장이 안 받쳐줘도 일정 지역에서 부동산 가격이 상승할 수 있다.

한 국가나 섹터 내의 자원과 자원을 활용한 화폐의 기능은 한정되어 있는데 인구가 급격하게 늘어난다고 해보자. 그런데 주택 공급은 없다면? 그러면 당연히 수요가 많아지므로 집을 더 비싸게 사게 될 것이고 주택 가격은 상승하게 된다. 인구가 1만 명이 증가하는데 공급되는 집이 100채라면 이 집을 살 사람이 1만 명이 된다. 그런데 집은 모자라니 수요가 넘쳐날 것이고 주택 가격이 올라가게 된다. 이처럼 인구 증가도 부동산 상승에 필연적이다.

다만 소득이 증가하지 않으면 부동산 가격 상승은 제한적일 수밖에 없다. 소득 증가란 정확히 말하면 15~64세 경제 주체들의 소득분배율 증가다. 한 부자가 돈을 많이 벌어서 100채의 주택을 지었는데 그 주택 가격이 실수요자들이 사기에 터무니없이 높은 가격, 즉 대출을 포함해서 매입하더라도 대출이자를 감당할 수 없는 가격이라면 사고 싶어도 못 산다. 그 결과 주택이 초과 공급되어버려 가격 조정을 거치게 된다. 그러나 공급량이 일정한 수준일 경우에는 소득이 증가하면 수요가 증가하고 초과수요가 발생하게 된다. 그러면 가격은 상승한다.

이처럼 수요자들의 소득과 부동산 가격은 밀접한 상관관계를 가지고 있다. 시장에서 거래량의 감소나 상승은 이러한 바탕 위에서 결정된다.

요즘은 중학생들도 가격이 상승하면 수요량은 감소하고 가격이 하락하면 수요량은 증가한다는 것을 배운다. 이것이 바로 앨프레드 마셜이 만든 '수요공급의 법칙'이다. 부동산 시장에서 수요공급 법칙의 결과물의 하나가 바로 거래량이다. 2021년 하반기부터 전국 아파트 거래량이 감소하기 시작하더니 2022년에는 거래량이 1년 내내 감소했다. 시장 재화의 가격이 부담할 수 없는 수준이었기 때문이다.

요컨대 ① 나라에 돈이 많아지고 ② 인구도 늘고 ③ 그 인구의 소득분배까지 좋아지면 당연히 주택 가격이 상승하거나 심지어 폭등할 수도 있다. 특히 주택 핵심 구매 연령이 늘어날 시기에 이런 요인들이 나타나면 주택 가격이 폭등하는 환경이 된다.

주택은 공급하기까지 긴 시간이 필요한 재화다. 집을

짓기로 하고 최소 3~4년이 지나야 건축물이 완공되고 입주가 가능하므로 이러한 시기에 공급의 미스매치가 발생하게 되면 어떤 나라에서도 주택 가격이 상승하거나 폭등할 수 있다.

만일 세 요인이 모두 충족되면 상승 내지 폭등하고, 두 가지 요인만 충족된다면 지역적으로 좀 차이가 있지만 대체로 상승한다고 본다. 그리고 한 가지만 충족된다면 보합 내지 상승이라고 판단하면 된다.

## 부동산 상승의 조작적 펀더멘털

부동산 상승은 거시적인 경제 상황에 따른 상승장과 달리 인위적인 정부의 정책과 심리로 인해 이루어지기도 한다. 나는 이를 '부동산 상승의 조작적 펀더멘털'이라고 부른다.

부동산의 시장참여자는 실수요자, 투자자, 투기자, 건설사, 시행사로 구분할 수 있다.

먼저 부동산 시장 규제를 강화하면 어떻게 될지 생각해보자. 부동산 규제를 강화하면 수요가 줄어든다는 것

부동산 상승의 조작적 펀더멘털

- 저금리+거래규제 완화
  - 저금리 장기화
  - 대출조건 완화, 거래조건 완화

- 수요 공급 미스매치
  - 부동산 공급의 비탄력성
  - 정부공급 정책 시 속도와 수요 미스매치

- 투자, 투기세력 + 언론(건설사)

- 세 가지 모두 충족
  부동산가격 폭등

- 두 가지 충족
  상승 폭등

- 한 가지만 충족
  보합 + 상승

은 모두 알고 있을 것이다. 시장에서 파는 물건은 그대로 인데, 그 물건은 수요를 예측하고 공급된 것이다. 그런데 정부가 규제를 강화해서 수요가 감소하면 파는 사람은 많은데 사는 사람은 감소하므로 수요공급의 법칙에 따라 가격이 하락한다. 2023년 1월의 부동산 시장에서 매물 은 많은데 사는 사람이 없으니 가격이 하락하고 있는 것 처럼 말이다. 반대로 규제를 완화한다는 건 수요가 증가 하게 만드는 요인이므로 매입이 가능한 환경이 되면(가격 하락, 소득 증가, 대출 증가 등) 일정 시점부터 가격은 오를 수 있다.

주택 공급은 비탄력적인 재화다. 즉 주택은 금방 공급할 수 있는 게 아니다. 어느 도시에 공장이 생겼다고 해보자. 공장의 인원은 1만 명이다. 이들이 공장에서 일하기 위해 이 도시로 이사를 한다면 그중에는 가족을 데려오는 사람도 있을 것이고 1인 가구도 있을 것이다. 어쨌든 집이 최소 2천 채 이상은 필요할 것이다. 건설업자나 주택업자가 서둘러 집을 짓겠지만 주택이 공급되기 전까지 값이 올라갈 것이다.

금리와 정책이 다 어우러지면 시장이 조작적으로 움직인다. 정부에서 어느 지역에 3만 명 고용 인원이 있는 기업체를 설립하도록 지원하기로 했다고 해보자. 그런데 국가산업지원 정책 아래 고용직원들에게 주택구입자금을 지원하거나 대출 조건을 저금리로 파격적으로 제공한다면 그 도시의 주택 가격은 필연적으로 오른다. 이런 것을 조작적 펀더멘털이라고 한다.

부동산 상승의 두 번째 조작적 펀더멘털은 수요와 공급의 미스매치다. 앞서 말했듯 집을 공급하겠다고 해서 바로 집을 지을 수는 없다. 문재인 전 정부에서 공급 대책을 위해 공공택지를 많이 개발했다. 그런데 이 집들이 지어져서 우리가 실제로 시장에서 느낄 수 있는 건

2025~2026년 정도 되어야 한다. 그때까지는 곧 공급이 나올 거라는 심리가 반영되어서 주택 가격의 상방 압력을 조금 낮추는 역할을 하겠지만, 그전까지는 공급이 모자르기 때문에 상승할 것이라고 판단하는 게 합리적이다. 지금처럼 시장에 역전세난이 펼쳐지지 않는다면 상승의 충분한 요인이 된다.

정부의 정책도 아주 중요하다. 현재 정부가 전방위적 규제 완화를 시행하고 있다. 서울 강남3구와 용산구를 제외하고는 전국의 규제지역을 해제했다. 대출 조건 완화, 전매 제한 완화, 청약조건 완화가 시작되고 이와 더불어 실거주 의무 폐지, 재건축 규제 완화, 신축 아파트 중도금 대출 제한 폐지 등의 대규모 부동산 활성화 정책을 펼치고 있다.

2022년 6.21 상생임대인 대책을 시작으로 11.10 대책, 12.21 대책, 2023년 1.3 대책까지 펼쳐지면서 연착륙을 도모하는 효과는 일부 있었으나 하락하는 대세를 막지는 못할 것으로 예측된다. 예전 같은 저금리 상황이면 시장이 급반전하여 상승으로 바뀔 수 있는 수준의 규제 완화 대책이었다(MB 정부 시절에는 이러한 정책으로 주택 가격 급반등 후 재하락했다). 그러나 고금리 상황이 지속되는 상황인

지라 부동산 상승 펀더멘털의 힘은 제한적일 수밖에 없어 보인다.

조작적 펀더멘털의 세 번째 요인은 투자, 투기 세력과 언론보도 등이다. 언론이 똑같이 허위 보도를 하면 어떻게 될까? 예를 들어 2022년 11월 '서울 부동산 상승'이라는 기사가 얼마 전에도 나왔다. 서초구의 신고가 10건 중 3건이 상승했다는 것이다. 그럼 나머지 일곱 건은 어떻게 됐을까? 거기에 대해서는 쓰지 않는다.

올바르게 쓰려면 신고가 3건 상승, 1건 보합, 6건 하락이라고 해야 한다. 실제로 서초구뿐 아니라 서울의 전체 거래량 중 70% 정도가 하락 거래다. 그런데 그중에서 오른 것만 기사를 낸다. 이런 기사를 그대로 믿으면 눈뜨고 코 베어 가는 피해를 볼 수도 있는 것이다.

상승의 조작적 펀더멘털이 작동하는 시기에 세 번째 요인, 특히 언론사들의 상승 조장 기사들이 넘쳐나면 실수요자들은 불안감에 휩싸인다. 그리고 시장참여자들이 심리 변화로 군집행동을 하게 되면서 과잉 매수에 나서게 된다. 그러면 미래 수요가 현재로 이동하게 되고, 수요가 몰리게 되면서 집값이 폭등하게 된다. 2020년 '영끌'이 바로 그런 경우다. 그리고 높아져버린 가격은 수요 여력을 감소시켜 일정 기간의 공백기를 거칠 수밖에 없다.

그러나 최근 정확한 정보와 팩트를 전달하는 유튜브가 발전하면서 향후 이러한 상승기에 매수를 부추기는 기사들의 영향력은 현저히 감소할 것으로 보인다. 즉 일정 시기에 수요가 급증하는 현상은 예전만 못할 것이다.

정리하자면, 부동산 상승의 조작적 펀더멘털에는 ① 저금리, 거래규제 완화, ② 공급부족: 수요 공급 미스매치, ③ 투기 세력과 언론의 확대 보도 증가라는 세 가지 요인이 있다. 이 중 세 가지가 동시에 충족되면 부동산 가격이 폭등하고, 두 가지만 충족되면 상승 혹은 폭등한다. 그리고 한 가지만 충족되면 보합 또는 상승할 것이다. 이런 요인들을 잘 살펴보면 부동산 상승이 다가올 때를 예측할 수 있을 것이다.

그런데 더욱 중요한 점이 있다. 부동산 상승에는 시장 참여자들의 구매 부담 능력과 구매 의사가 동반되어야 한다는 것이다. 지금과 같이 주택 가격이 너무 높아서 구매 의사와 실제 구매가 추세적으로 이루어질 수 없는 시장 상황에서는 상승 펀더멘털은 극히 제한적이고 일시적으로 작용할 뿐이며, 결국 힘을 잃고 말 것이다.

구매 심리가 존재하고, 이 심리가 구매 행위로 표출되어야 하며, 구매 행위가 추세적(최소 3개월 이상)으로 이어져 의미 있는 구매 증가가 이루어질 때 본격적인 시장 상승이 시작된다. 바꿔 말하면, 구매 심리가 구매 행위로 표출될 수 없는 환경일 때는 조세 정책이나 대출완화 등으로 구매 행위가 일시적으로 증가하더라도, 추세적 구매 수요가 가세하지 못한다면 시장은 다시 하락이나 약세 혹은 보합으로 전환될 것이다. 즉 부담 능력이 없거나 약하거나 경제위기나 침체로 인해 향후 시장에 대한 상승 기대가 약하다면 이는 일시적, 기술적 반등에 그친다고 보는 것이 합리적인 판단이다. 수요 심리와 욕구가 실제 시장에서 수요량의 증가로 나타나고 추세를 형성해나갈 때 상승으로 전환될 수 있는 것이다.

현재는 고금리 상황이고 추가 금리 인상의 여지도 있다. 이와 함께 서울과 수도권에서 즉시 입주할 수 있는 대체공급이 증가하고 있는 시점이다. 특히 금리의 부담이 다른 요인보다 강하게 작용하는 시기이므로 조작적 상승 요인이 있을지라도 이는 일시적 반등, 제한적 상승에 그치고 재하락할 가능성이 많다는 사실을 염두에 둬야 한다.

# 부동산 가격의 하락 요인

이번에는 부동산 가격이 하락하는 요인을 살펴보자.

첫 번째는 고금리와 거래규제 강화다. 지금처럼 금리가 오르면 투자하거나 실수요자가 주택을 매입하는 데 부담이 커진다. 가격이 5억 원을 주택에 투자나 실거주을 위해 매입한다고 가정하자. 3년 뒤에 집값이 20% 상승할 것이라고 예측될 경우 현재 금리(저금리 시기)가 2%다. 주택 가격의 90%인 4억 5천만 원을 대출받아 주택을 매입한다면 연 900만 원의 이자를 지불해야 하고 3년간 2,700만 원의 이자를 지불하게 된다.

3년 뒤에 주택 가격이 6억 원으로 20% 상승해서 이 주택을 매도하게 되면 1억 원의 차익(양도세 비과세, 취득세 미산입)을 보게 된다. 그럼 이자를 제외하고 7,300만 원의 수익이 발생한다. 투자한 원금은 5천만 원이므로 실현된 수익률은 146%에 달하게 된다.

만일 전세 가격이 3억 원이라면 전세금에 대한 대출은 보증금으로 대체되므로 이자부담이 없고 차액 2천만 원 중 투자금 5천만 원을 차감한 1억 5천만 원에 대한 이자만 지급하면 된다. 이 경우 이자 지급액은 연 300만 원이

고 3년간 900만 원이다. 그럼 실현차익은 1억-900만 원
= 9,100만 원이다. 실현수익률은 182%에 달한다. 이러니
전세 가격이 높아질수록 투자수익률은 높아지게 된다.

그래서 저금리 상황에 매매가 대비 전세 가격 비중이
높은 경우 갭투기가 성행할 수밖에 없는 것이다.

그런데 2%였던 금리가 6% 인상되는 경우에는 어떻
게 될까? 5억 원짜리 주택에 투자금 5천만 원을 제외한
4억 5천만 원을 6% 금리로 대출받으면 연간 이자비용은
2,700만 원이고 3년간 8,100만 원을 지불하게 된다. 여기
에 취득세가 550만 원이다.

그러면 취득세(5억 원 × 1% = 500만 원) + 농어촌특별세
(5억 원 × 0.1% = 50만 원) 550만 원 + 중개수수료 200만
원 = 총 8,850만 원이 지출된다. 차액은 1,150만 원이 되
고 투자금 5천만 원에 대한 수익률은 23%로 여전히 수익
이 발생한다.

주택 가격이 10%만 인상될 경우에는 적자가 발생한다.
가치상승분은 5천만 원이고 지출은 8천만 원을 넘게 되
므로 최소 3천만 원의 적자손해(-60% 손실)가 발생한다.
만일 주택 가격이 그대로 유지되고 있다면 약 8,100만 원
(-132%)의 손실을 보게 된다.

결국 금리가 높아지게 되면 투자자들은 수익률이 보장되는 수준의 가격까지 주택 가격이 조정되어야만 매수에 나서게 될 것이다. 이 시점의 가격이 일반 실수요자들도 시장에 부담 없이 진입할 수 있는 가격 수준이 될 것이다.

2022년 하반기부터 주택 가격이 하락하는 상황에서 금리가 추가 인상되거나 고금리 상태(기준금리 3.5~3.75% 이상)가 유지되면 갭투자는 물론 실수요자들도 금리 부담을 가지므로 주택 가격이 조정되기 전까지는 하락 심리가 지배적일 것이다.

2015년 이후부터 이러한 계산을 전제로 고수익을 바라고 주택 가격이 오른다는 전제하에 전세 레버리지를 과도하게 활용하여 갭투자를 한 경우 2021년 상반기까지는 주택 가격 상승이 이루어졌으므로 수익이 발생할 수 있었다.

그러나 이후 2021년 갭투자 광풍이 있던 시기에 투자를 한 경우라면 상황이 다르다. 2022년 하반기부터 금리 인상과 주택 가격 하락으로 인해 큰 손실이 발생했을 것이고 자산관리에 어려움을 겪게 된다. 여기에 전세 가격 하락이라는 추가 악재까지 겹쳐져 손해를 볼 수밖에 없는 시장 상황인 것이다.

경제란 앞서 언급한 금리와 물가와의 상관관계, 그리고 이를 기반으로 움직이는 경제의 정형화된 통화 증가 → 저금리 → 자산 가격 증가 → 자산 거품 형성 → 물가 상승 → 경제안정과 물가안정을 위한 금리 인상 → 자산 거품 조정 → 자산 가격 하락 → 거품 붕괴 → 경제위기 또는 경제침체라는 사이클을 거치게 된다. 즉 호황과 자산 가격 상승을 거쳐 거품에 이르면 종국적으로 금리 인상을 통한 물가안정 정책이 진행되게 된다.

앞서 5천만 원을 투자하고 4억 5천만 원을 대출받은 경우를 다시 보자. 경제 사이클을 이해하지 못하고 무작정 투자한 경우라면 2023년과 같이 금리가 5%로 인상되었을 때 연간 이자지급액만 2,250만 원, 3년이면 6,750만 원을 부담해야 한다. 주택 가격이 다행히 하락하지 않았다 하더라도 이미 투자금 대비 100% 이상의 손실을 본 것이다. 그런데 설상가상 주택 가격이 1억 원 하락한다면 원금은 이미 잃고 1억 2,250만 원이라는 빚을 안게 되면서 한순간에 파산에 이르며 빚쟁이가 될 것이다.

앞서 투자한 주택을 추가로 누군가 사주어야 이 시나리오가 진행되지만, 고금리 시대가 도래하면 주택 가격이 그대로 유지되어도 주택을 구매할 잠재구매자의 구매 여력은 급격하게 감소할 수밖에 없다. 게다가 물가까지 오른 다면 주택 구매 여력은 더 감소하게 된다.

예를 들어 7억 원인 주택을 3억 원의 자본과 4억 원의 대출을 통해 구매할 수 있는 수요자는 금리가 5%가 되면 이자액만 연 2천만 원을 납부해야 한다. 원금을 함께 상환해야 할 경우 연봉 5천만 원인 잠재적 주택구매 소비자는 원금과 이자를 합해 월 최소 300만 원을 지급해야 할 것이다. 실수령액이 400만 원 초반이므로 이 소비자는 정상적인 생활이 불가능해진다. 그러므로 금리 인상은 주택 수요를 감소시켜 주택 가격의 강력한 하방 요인으로 작용할 수밖에 없다.

저금리에서 고금리로 전환되는 것은 물가안정을 달성하기 위한 경제의 근본적인 진행 프로세스임을 알아야 한다. 금리 인상이 시작되는 시기에는 자산 가격의 하락, 즉 부동산 가격의 하락이 시작되고 있다는 사실을 명심해야 한다. 금리 인상, 특히 고금리로의 정책 방향 선회는 자산 가격의 하락이 오고 있다는 선행적 신호이므로 정말 투자에 조심해야 하는 시기다.

부동산 하락의 두 번째 요인은 미분양 증가와 공급 확대다. 요즘 미분양 기사를 많이 접했을 것이다. 미분양 증가, 전세 가격 하락, 거래량 감소라는 세 가지 지표가 동시에 진행되면 오면 부동산은 무조건 하락하게 되어 있다.

공급 확대에는 현재의 입주물량 확대와 미래의 입주물량(분양 물량) 확대라는 두 영역이 있다. 2023년에는 모두 공급 확대가 일어나고 있기 때문에 하락의 한 해가 될 것이다. 지난 30년간 부동산 시장을 볼 때 미분양 증가와 거래량 감소가 동시에 일어나는 경우 주택 가격이 하락하는 상황은 한 번도 어긋난 적이 없다.

미분양 증가가 시작되는 시점은 주택 가격이 수요자가 접근하기에 부담되는 수준으로 올랐을 때다. 즉 주택 구매의 임계점을 넘어선 시점이다. 임계점이라 함은 액체가 기체로 바뀌는 온도를 말한다. 액상이라는 물질이 임계점을 넘어서면 기체라는 전혀 다른 형태의 물질로 변하듯, 주택 시장에서도 가격이라는 매개 지표가 임계점에 다다르면 실수요자와 투자자의 추가 매입이 어려워진다.

그리고 이때부터 시장의 상승 추세는 작동하지 않는 것으로 볼 수 있다. 부동산 시장, 특히 주택 시장에서는 그것이 바로 미분양이라는 사실로 나타난다. 즉 미분양이 증가한다는 것은 더 이상 그 가격에 집을 살 실수요자나 투자자가 없는 상황인 것이다. 그러면 가격을 할인해서 판매해야 한다. 이는 곧 분양가 하락으로 이어지고 기존 주택 시장의 주택 가격 하락을 가속화하게 된다. 미분양의 증가는 주택 가격 하락의 본격적 신호인 것이다.

공급 확대도 부동산 하락의 중요한 요인이다. 공급이 많아지면 당연히 가격은 하락한다. 이는 수요공급 법칙의 기본 이론이다. 공급 확대, 즉 분양 물량의 증가는 입주하는 시기에 주택 시장에 하방 압력으로 작용한다. 미래 수요가 지연으로 인해 현재의 주택 시장에 수요가 감소하면서 가격이 하락하는 것이다.

부동산 하락의 세 번째 요인은 여러 부동산 관련 지표들의 하락 신호다. 여기에는 부동산 직접 관련 지표와 간접 관련 지표가 있다.

먼저 직접 지표에는 거래량, K-HAI(주택구입부담지수), PIR(소득대비주택 가격), 매수우위지수 등 여러 지표가 있다. 앞서 언급했던 주택구입부담지수HAI가 100~120 수준이면 안정적이고 160을 넘으면 부담을 가지게 되며, 180 정도가 되면 소득의 40%를 주택 원리금 상환에 소요되므로 주택 구입에 부담을 가지게 되면서 본격적인 수요 감소 시장으로 전환된다. 더 이상 수요가 증가할 수 없는 상태에서 수요가 지속적으로 감소하고 결국 가격 임계점에 근접하게 된다.

지금과 같이 금리 인상이 계속되면 상환액이 증가하게 되므로 주택구입부담지수는 계속 높아지고, 주택 구매 접근 수요는 더욱 감소할 수밖에 없다. 2022년 3분기 기준 서울 아파트의 부담지수는 214.6이다. 너무 높은 지수이므로 결국 거래량 감소로 나타나면서 주택 가격 하락으로 이어질 것이다.

다음으로 가구소득 대비 주택 가격비율PIR이라는 지표가 있다. 이는 중위가격의 주택 가격을 중위가구소득으로 나눈 값이다. PIR이 10이라는 건 중위소득가구가 중위가격의 주택을 구매한다면, 10년 동안 소득을 한 푼도 쓰지 않고 돈을 모았을 때 집 한 채를 살 수 있다는 의미다.

앞서 언급했듯 원희룡 국토부 장관이 〈중앙일보〉와의 인터뷰에서 선진국은 PIR이 10~12 수준인데 우리나라는 18~19라며, 10~12가 되는 쪽으로 하향 안정화할 것이라고 말했다. 원희룡 장관은 현재 주택 가격이 고평가되어 거품이 끼어 있다고 말했다. PIR 수치가 18~19에서 10~12 정도로 내리면 주택 가격이 하락하는 비율은 35~45% 정도가 된다. 그런데 인터뷰를 했던 언론사에서 '원희룡 장관, 집값 40% 떨어져야'라는 제목으로 보도했다. 그러자 다음 날 정부에서 그런 뜻이 아니었다고 발표하면서 정부당국자 간에 우왕좌왕하는 모습으로 눈살을 찌푸리게 했다.

우리가 여기서 봐야 할 중요한 사실은 미래의 시장에 대한 예측이다. 국토부장관도 현재 주택 가격 거품에 대해 비슷한 관점을 가지고 있다. 시장에 거품이 있고 향후 하락이 예측된다는 게 공통적인 인식이다.

언제 부동산이 상승하고 하락하는지 기본적인 요인을 알고 있으면 지금이 어떤 상황이고 앞으로 부동산 시장이 어떻게 될지 예측할 수 있다. 세 가지 요인을 모두 충족하면 주택 가격은 무조건 하락하거나, 거품이 확실한 경우에는 폭락할 수도 있다고 봐야 한다. 두 가지만 충족할 경우에는 하락할 가능성이 90%에 가깝고 완만하게 하락할 가능성이 크다. 그리고 한 가지만 충족하면 약보합하다가 하락할 것으로 예측할 수 있다.

경제위기나 경기침체가 발생하면 이 세 가지 요인은 동시에 나타날 가능성이 크다. 지금은 글로벌 경제위기 혹은 침체의 가능성이 커지는 시점이다.

미국은 인플레이션에 시달리고 있고 중국은 헝다그룹 부도 사태 이후 주택 거품 논란에서 헤어나오지 못하고 있다. 코로나19 재확산으로 봉쇄 정책을 했다가 경제 시스템에 문제가 생기자 봉쇄를 해제하면서 경제위기를 방어하려 하고 있다. 영국도 브렉시트 이후 많은 문제에 직면하고 있다. 러시아·우크라이나 전쟁은 장기화되면서 세계 식량과 에너지 공급에 타격을 주고 있다. 이처럼 경기침체에 영향을 주는 대형 이슈가 끊이지 않고 있다.

## 서울의 매수 흐름

서울특별시의 매수우위지수 흐름을 보자. 매수우위지수가 100이라면 시장에 10명이 집을 사러 왔는데 10명이 집을 팔려고 내놓은 것과 같다. 다시 말해 100이 균형점이다. 따라서 100 이상이면 집을 사려는 사람이 집을 팔려는 사람보다 더 많은 것이고, 100 이하면 집을 사려는 사람이 집을 팔려는 사람보다 더 적은 것이다. 즉 100보다 작으면 주택을 사려는 사람보다 팔려는 사람이 많다는 것이다.

아실(asil.kr) 자료에 의하면 2020년 9월 3만 8천 개였던 서울 아파트 매매 물량은 2022년 10월 5만 8천 개에서 6만 개 수준으로 증가했다. 경기도는 2020년 9월경 8만 개 수준이었던 아파트 매물이 2022년 10월 12만 개로 급증했다. 2023년 2월 10일의 서울 아파트 매매 물량은 5만 4천 개, 경기도는 10만 8천 개로 각각 6천 개, 1만 2천 건으로 감소했다.

그런데 이 매물 감소는 매매로 인한 감소가 아니다. 거래가 안 되고 거래절벽으로 인해 물건이 팔리지 않자 금리 인상 등으로 인해 더 이상 유동성을 버티지 못한 소유주들이 매매를 전세 물건으로 전환하면서 감소한 것이다.

서울 아파트 전세 매물은 2020년 10월경 1만 개도 안 되었으나 2021년에는 2만 7천 개로, 2022년에는 4만 5천 개로 급증하더니 2023년 2월 10일 기준으로 무려 5만 2천 개에 이른다.

경기도는 2020년 10월경 전세 매물이 1만 건 수준이었다가 2022년 10월경 6만 개 수준으로 무려 5만 개 증가했다. 입주물량 증가가 겹치면서 물량이 증가한 것도 한 요인이다. 2023년 2월 10일에는 6만 3천 5백 개로 증가했다. 이로 인해 전세가 하락은 끝을 모르고 하락하는 중이다.

매매 물량이 증가하는 반면 거래량은 2020년 동기간에 대비해서 10%도 안 되는 수준을 2022년 하반기부터

2023년 2월 현재까지 보이고 있다. 즉 주택을 매수하려는 사람이 거의 없다는 것이다. 이러한 상황을 확인할 수 있는 지표가 매수우위지수라는 것이다. KB은행에서 공인중개사들을 대상으로 조사해서 발표하는 지표이므로 시장의 매도자와 매수자의 동향을 알 수 있다.

아래 그림을 보면 2007년에 서울 아파트 지수가 143.57로 최고점을 나타내다가 금융위기가 발생하기 전인 2007년 5월부터 이미 확 꺾이기 시작했다. 이후 글로

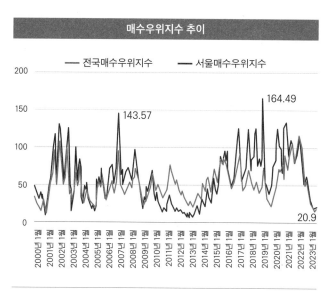

자료: KB은행

벌 금융위기가 터지고 난 후에는 잠깐씩 반등하지만 전체적인 방향은 하향하고 있다.

과도한 주택 가격에 대한 수요자들의 반응이 지수로 나타난다. 이 지수가 19까지 내려가더니 3년 뒤에는 8.12라는 역대 최저 수치를 나타냈다. 한마디로 거래 실종 수준에 다다른 것이다. 이후 2015년부터 전방위적 대출 규제 완화와 거래 규제, 세제 완화 정책 그리고 임대사업자 세제 혜택 정책, 결정적으로 전세대출을 유주택자에게까지 확대해 주는 정책을 펼친다.

2012년에 전세대출을 3억으로 한 번 확대하고 2015년에 또 확대해서 유주택자에게까지 전세대출을 해주었으니 주택 시장을 투자와 투기가 섞이면서 불붙기 시작했다. 박근혜 정부는 빚내서 집 사라는 정책을 대놓고 시행한 것이다.

매수자가 증가하면서 당연히 매수우위지수도 상승하게 되었다. 2018년에 최고점인 143.57을 기록했다. 이후 과도한 가격상승으로 잠시 주춤하던 매수우위지수는 코로나발 저금리 유동성 확대가 시작되면서 많은 사람이 '영끌'하던 시기에 다시 급등했고 2018년에 164.49라는 수치로 2006년의 최고 수치를 넘어섰다.

2022년 하반기부터 거래가 급감하면서 이 지수는 2022년 6월에 60대를 기록하다가 10월에는 19.2를 나타냈다. 그리고 2023년 정부의 부동산 규제 완화 정책 등으로 1월에는 20.9였다. 여전히 거래절벽 상황을 나타내고 있는 것이다.

2023년부터 규제 완화와 대출 완화, 특례보금자리론 등으로 인해 일시적으로 매수우위지수는 상승했으나 지속적으로 추세를 이어갈 수 없는 시장 환경이다. 20이라는 수치는 5명이 팔려고 하고 1명이 사려고 한다는 것이므로 매도자가 4배나 많기 때문에 하락은 당분간 이어질 것으로 보인다.

역사적인 침체기의 초기에 대입해보면 매수우위지수는 상당 기간 낮은 수치를 보일 것이다. 항상 빚으로 떠받친 재화는 거품 붕괴 과정을 거치면서 가격 조정이라는 과정을 거칠 수밖에 없기 때문이다.


## 무분별한 전세대출이 가계부채를 키우다

한국은행, HUG(주택도시보증공사), 주택금융공사 등의

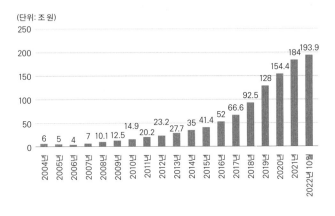

**전세대출 잔액 추이**

(단위: 조 원)

2004년 6
2005년 5
2006년 4
2007년 7
2008년 10.1
2009년 12.5
2010년 14.9
2011년 20.2
2012년 23.2
2013년 27.7
2014년 35
2015년 41.4
2016년 52
2017년 66.6
2018년 92.5
2019년 128
2020년 154.4
2021년 184
2022년 10월 193.9

자료: 한국은행, HUG, 주택금융공사

금융자료에 의하면 2022년 10월 말 기준 전세대출 잔액은 무려 193조 9천억 원이다. 전세대출은 2008년 이명박 정부 때 처음 도입된 이후 수년간 서민 주거 안정을 위한 제도적 장치라는 명분 아래 지속되어왔다. 그러다 2011년 '반값 아파트'로 불리던 보금자리주택 공급 발표로 매매 수요가 크게 위축되고 전세로 거주하려는 사람들이 증가하자 전세 가격이 일시적으로 급등했다.

2012년부터는 HUG의 전신인 대한주택보증보험에서도 전세자금대출보증상품을 출시했다.

정부는 2008 전세대출 한도를 1억에서 2억 원으로 확대하면서 전세난 문제를 해결하기 위한 것임을 밝혔다. 명분은 그럴듯했으나 전세대출금을 레버리지로 활용하는 투자 세력이 움직이고 전세대출금 상승액만큼 주택매매 가격에 상방 압력이 가해지면서 집값이 상승하기 시작했다. 이에 정부는 다시 1억으로 대출액 한도를 줄여 주택 가격 안정 정책을 추구했다. 전세대출이 주택 가격 상승의 원인이 된다는 것을 보여준 것이다.

문제는 박근혜 정부가 건설사를 위한 '빚내서 집 사라'는 주택매입 대출 확대 정책과 공급 축소 정책, 재건축 재개발 규제 완화, 세제 완화 등 대대적인 정책을 펼친 것이다. 부동산 활성화를 넘어선 부동산 투기화를 방조한다는 사회 각계의 비판 속에서도 박근혜 정부는 2013년 SGI서울보증 전세대출 한도를 2억 원에서 3억 원으로 증액하더니 급기야 2015년에는 5억 원까지 확대했다. 더 기막힌 건, 유주택자한테도 전세대출을 허용했다는 사실이다. 한마디로 대한민국 갭투기의 온상을 만든 부동산 정책이었다.

현재도 각 공적 보증기관의 전세대출 한도는 주택금융공사 2억 2천만 원, HUG 4억 원, SGI서울보증 5억 원 등으로 모두 임차보증금의 80%까지 대출받을 수 있다. 주금공과 HUG는 수도권 기준 보증금 7억 원이 넘는 고액 전세에 대해서는 보증서를 발급하지 않고 있지만 SGI서울보증은 이런 제한마저 없다. '천일의 칠면조' 같이 전세 가격을 높여서 서민을 돕는 것 같지만 가격이 높아진 주택을 그만큼 고평가된 가격으로 매입하게 된다. 이는 국민의 소득을 다주택자에게 이전해 불로소득을 취하게 하고 서민 실수요자들은 높아진 가격으로 주택을 매입하게 만드는 악성 정책이다.

2008년 10조 원에 불과했던 전세대출 잔액은 2016년 50조 원을 넘었고, 2019년 100조 원, 그리고 2022년 말 기준 193.9조 원이라는 엄청난 가계부채를 안겼다.

서민 주거 안정을 명분으로 내세운 정부 정책에 따라 전세대출 잔액도 급증하기 시작했다. 특히 문재인 정부 들어 초저금리 기조에 규제 일변도의 부동산 정책으로 인해 집값이 급등하고 전세대출도 폭증세를 나타냈다. 여야 할 것 없이 정부의 정책으로 인해 집값에 거품이 끼고 다주택자들에게는 불로소득을 가져다주는 나쁜 정책도 구로 변해버린 것이다. 2008년 10조 원에 불과했던 전세 대출 잔액은 2016년 50조원 을 넘었고, 2019년 100조 원

벽을 단숨에 깼다. 그리고 단 2년 만에 저금리로 인해 부담이 적어지자 급증하게 된 전세대출은 2021년 184조 원을 돌파했다.

전세대출은 '갭투자 열풍'의 일등공신 역할을 했다. 김상훈 국민의힘 의원에 따르면 2018년 서울의 전체 주택 매매에서 14.6%였던 갭투자(매매 시 임대보증금 승계) 비율은 2021년 41.9%까지 급증했다.

서울 아파트의 경우 2021~2022년 초까지 공인중개사의 신규 혹은 갱신 계약 시 전세대출을 70~75% 받았고, 경기도의 경우 80% 정도가 받은 것으로 조사되었다. 경기도 주택 시장, 특히 전세 시장이 어려움을 겪는 것도 전세대출에 기인한다.

경기도 인구의 평균소득 분포가 서울보다 조금 낮은데 유주택자가 60%, 무주택자가 40%이다. 무주택자들은 전세를 들어가면서 전세대출을 많이 받았을 것이다. 전세 가격이 많이 올랐어도 금리가 더 많이 내리면서 부담은 도리어 적어지는 상황이라 전세대출을 받아 좀 더 나은 집, 특히 아파트로 수요가 집중되자 주택 가격은 오를 수밖에 없었다.

여기에서 소득 수준은 크게 증가하지 않았음에도 금리

| 2022년 5월 KB부동산 주택 가격 동향 분석 결과 | |
|---|---|
| 서울 아파트 평균 전셋값은 6억 7,570만 원으로 집계 | |
| 서울 강북지역 | 2017년 5월 전셋값 3억 5,098만 원 |
| | 2021년 5월 전셋값 5억 5,846만 원 |
| 서울 강남 지역 | 2017년 5월 전셋값 4억 9,022만 원 |
| | 2022년 5월 전셋값 7억 8,307만 원 |

자료: 경제만랩, KB부동산

인상이 시작되면서 2020년 2~2.5%였던 이자율이 5~7%로 급등하자, 이자 부담이 두세 배로 늘어났다. 그런데 주택의 월세가 전세대출 이자보다 낮아지는 상황이 펼쳐졌고 월세로의 이동 혹은 다운사이징(보증금 규모를 축소해서 이사)을 하게 되면서 전세 매물이 증가하게 되었다.

문제는 그렇다고 다른 임차인이 이 빈집에 들어갈 경제 상황, 이자부담 상황이 아니라는 사실이다. 그러자 무리하게 보증금을 끼고 갭투자한 소유주들은 임차보증금을 내어줄 능력이 안 되고 전세 가격을 낮추어서라도 임차인을 유지하려는 상황이 펼쳐지게 되었다. 바로 '역전세' 시장이 펼쳐진 것이다.

국가통계포탈 KOSIS의 통계에 따르면 2017년도 5월 서울 아파트의 전세 실거래가 평균 가격이 5억 2,100만

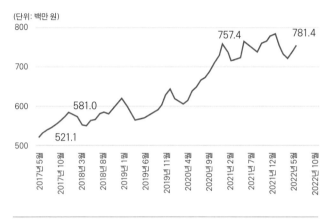

**서울 아파트 평균 전세가 추이**

(단위: 백만 원)

자료: KOSIS 국가통계

원이었는데, 임대차 3법 이후 폭등한 서울 아파트 전셋값은 5년도 채 되지 않아 2021년 12월에는 7억 8천만 원으로 폭등했다. 2021년 9월 농협의 전세대출 자금 소진으로 '전세대출 중지'라는 소식에 시장은 민감하게 반응했고 2022년 5월에는 평균 7억 5,500만 원으로 낮아졌다.

이렇게 폭등한 전세 가격이 너무 높아서 무주택 임차인들 대부분이 전세대출을 받아 전세금을 올려준 것이다. 강남 지역의 경우 전셋값이 2017년 5억 원 정도에서 2022년 8억 원 수준으로 올랐다. 그러니 3억 원의 추가자금이 필요하게 되었고 이를 대출로 충액한 것이다.

통계청에 따르면 2021년 말 기준 서울에 사는 2인가구 70%가 평균소득이 연봉 6천만 원 이하다. 월 급여로 하면 500만 원 정도이고 실수령액은 420~430만 원인데 생활비를 제외하고 추정해보면 이 전세 가격을 부담하기가 어렵다.

소득이 없는데 어떻게 5억 원을 대출해줄까? 5억 원의 대출 이자가 2017년만 해도 2% 정도였다. 1년에 이자가 1천만 원이고, 한 달에 80만 원 정도다. 이 사람이 신용카드를 한 달에 300만 원 정도를 쓴다고 해보자. 그런데 소비를 줄이면 충분히 이자 80만 원을 낼 수 있다는 논리로 '인정소득'이라는 해괴한 논리로 돈을 빌려준 것이다. 이런 식으로 신용카드 사용 금액이 얼마 이상이면 몇억까지 대출해주는 것이 정상적인 대출 행위인가?

전세대출 확대를 통해 상승한 전세 가격은 주택 가격 상승의 원인이 되었고 실제로 주택 가격 폭등에 일조한 측면이 많다. 앞서 말했듯 은행은 금융산업자본주의의 리더들이며, 금융산업자본주의의 목적은 채무자를 늘려서 돈을 버는 것이다. 이것을 정책당국자와 시장참여자들은 분명하게 인지하고 전세대출로 인한 주택 거품을 만드는 정책에 대한 철저한 반성이 필요하다. 문제점에 대해 대책을 수립하고 정책 방향을 바꾸어야 한다.

　문제는 금리가 인상되었을 때의 후폭풍이다. 무분별한 전세대출이 지금 부동산 시장에서 여러 문제를 발생시키고 있는 것이다. 더욱이 정부는 2023년 3월 2일부터 1주택자라도 부부합산 연소득이 1억 원을 넘거나 주택 가격이 9억 원을 초과하더라도 전세대출보증을 이용할 수 있게 하겠다고 한다. 명분은 1주택 실수요자를 위한 주거 부담을 완화한다는 황당한 이유다. 한마디로 갭투자 투기 보호를 위해 전력을 다하는 정부의 정책은 바람직해 보이지는 않는다.

## 역전세, 역월세

　'역전세'라는 단어를 2030세대는 처음 들어볼 것이다. 그러나 이 말은 IMF 때도 있었고 글로벌 금융위기 때도 있었다. 그런데 이번에는 역전세가 본격적으로 대한민국 부동산 시장의 하락시장을 이끄는 트리거(어떤 시장의 상황, 반응, 방향성을 유발하는 계기나 도화선)가 되고 있다. 그동안 주택 가격의 거품이 많아 이번 역전세난은 주택시장 조정을 거쳐 정상가격으로 가는 주요한 요인이 되고 있다.

미국의 단기간 금리 인상으로 한국과 금리 역전이 발생했다. 금리 인상으로 인해 역전세난을 버티기가 힘들 것이다. 임대차 3법을 시행하면서 2020년 8월 이후 전세 가격이 과도하게 상승했지만 당시에는 저금리 시대라 부담할 수 있었다.

사례를 통해 시장 상황을 분석해보자. 2020년에 5억 원 전세대출을 받으면 이자가 85~120만 원 선이었다. 그러나 2022년 11월 기준으로 4대 시중은행의 금리는 신용등급에 따라 연 5~7.05%까지 급등했고 이에 따른 이자 부담액은 월 200~230만 원이 됐다.

100여만 원의 추가부담이 생겼을 때 일반적인 근로자들이 이 100만 원의 갭을 쉽게 메꿀 수 있을까? 이자를 100만 원 내다가 200을 내게 되면 아이가 있는 집은 못 버틴다. 이럴 경우 생활유지에 부담이 되니까 나와서 다운사이징을 하거나 월세로 들어간다. 그래서 요즘 월세가 늘어난 것이다.

더 중요한 건, 이 사람들이 전세에서 나가면 다음 사람이 들어와야 그 전셋값이 유지가 되는데 다른 가능 수요자들도 부담되는 수준이라 기존 전세 가격을 유지될 수 없고 가격을 낮추어야 수요자들이 움직일 수 있는 시장이 되고 있는 것이다. 전세 매물은 증가하는데 입주물량까지 증가한다. 공급은 증가하는데 수요는 감소하니 전셋값은 물론 주택 가격이 하락할 수밖에 없다.

'역월세'라는 말도 많이 접했을 것이다. 앞서 설명한 시장 상황에서 전세보증금을 못 돌려주는 소유주들은 기존 임차인에게 낮아진 전세 가격과의 차액분에 대해 월세를 지급하면서 임차인을 유지하려고 한다.

이처럼 월세를 도리어 임차인이 받게 되는 상황을 역월세라고 한다. 이는 어떤 아파트가 전세 5억 원이었는데 시세가 4억 원으로 낮아졌다면 임대인은 임차인에게 1억 원을 돌려주고 임차계약을 유지할 수 있다. 그런데 이 1억 도 돌려줄 능력이 안 되는 경우 1억에 대한 전세대출 이자 또는 전월세전환률을 적용하여 임차인에게 월세 형태로 지급하고 임대차 관계를 유지하는 것이다.

미국은 2023년 2월 1일 0.25% 금리를 인상했고, 추후 물가가 잡히지 않으면 금리를 계속 올리겠다고 한다. 우리나라에서는 물가 인상 압력이 점점 높아지고 있다. 정부의 가스비, 난방비, 전기료 인상으로 지출은 늘어나고 이로 인해 가처분소득도 감소한다.

이자가 늘어나고 물가는 올라갔는데 봉급은 그대로인 상황, 게다가 무역적자가 계속되고 있는 상황에서 우리나라의 가계는 세계 최고 수준의 가계부채를 안고 있다. 이러한 경제 상황에서 부동산은 당분간 약세 시장을 이어갈 수밖에 없고 전세 가격도 하향 조정될 것으로 예측된다.


## 금리 인상으로 버틸 수 없는 역전세난

대한민국 역사상 이렇게 짧은 기간에 매수 심리가 죽고 역전세난의 정도가 심했던 때는 내가 아는 바로는 없었다. 왜 이런 일이 벌어졌을까? 전세 가격과 매매 가격이 동시에 무너지는 것은 현재 전세 가격과 매매 가격 실수요자들이 감당할 수 없는 수준의 전세 가격과 매매 가격이기 때문이다. 역사상 초저금리 상태에서의 전세대출 확대가 쌓아놓은 빚의 모래성이 무너지고 있는 것이다.

결정적으로 금리가 인상되면 전세대출 이자에 대한 부담은 고스란히 전 세입자가 떠안게 되는데, 저금리 시기와 달리 생활하는 데 부담을 느끼면 당연히 다운사이징을 통해 생활이 가능한 환경을 택하게 된다.

예를 들어보자. 서울의 경우 평균 전세 가격은 7억 원 (2022년 3월 기준 서울아파트 평균 전세가 6억 8천 90만 원. 부동산 114 자료) 수준이었다. 박근혜 정부에서는 무주택자와 1주택자에게 최대 5억 원까지 상환능력DSR을 보지 않고 소득만 인정되면 무작위로 대출을 해주었다. 이 당시의 금리는 3%였으나 2015년부터 1.5%, 2016년에는 1.25%의 저금리가 되면서 5억 원 대출을 받아도 전세대출 금리가 2~2.5% 수준을 유지하면서 연 1,000~1,250만 원, 월 80~100만 원의 이자 부담에 그치게 된다. 일반 원룸 빌라 전세, 월세 가격이 70~80만 원 수준이었으니, 월세 사느니 아파트에서 전세로 살 수 있는 상황이 되었다. 그러므로 아파트 전세로 갈아타기 시작했고 빌라마저 전세대출을 이용한 세력들에 의해 폭등하면서 주택유형을 가리지 않고 전세 가격은 폭등하기 시작했다.

그럼 6억 원짜리 아파트 전세를 5억 원을 대출받아서 들어갔다고 가정해보자. 2021년 기준 보건복지부 자료에 의하면 서울의 2인가구 중위소득은 308만 원이고 3인가구일 경우 398만 원, 4인가구일 경우 419만 원이다. 물론 세전 기준이다. 그럼 4인가구일 경우 전세대출 5억 원을

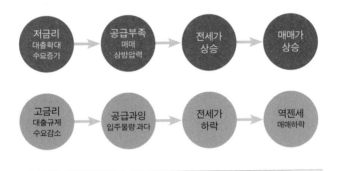

금리 인상으로 버틸 수 없게 된 역전세난

저금리
대출확대
수요증가 → 공급부족
매매
상방압력 → 전세가
상승 → 매매가
상승

고금리
대출규제
수요감소 → 공급과잉
입주물량 과다 → 전세가
하락 → 역젠세
매매하락

받았을 때 저금리 시 대출이자부담액은 월 80~100만 원이므로 부담 가능한 금액이다.

그러나 금리가 5% 인상되었다고 하면 상황은 완전히 달라진다. 연 이자 2,500만 원, 월 부담액은 208만 원이다. 사실상 전세대출 이자를 부담하면 생활이 불가능한 상황이 되는 것이다. 월 급여가 세후 약 370만 원이라면 162만 원으로 4인가구의 생활은 사실상 불가능하기 때문이다. 이게 역전세의 출발 요인이다.

많은 가구의 다운사이징이 시작되자 역전세가 본격화되고 있다. 강남 3구의 경우 전세 가격이 10~20억인 곳이 많다. 그렇다면 이는 전세대출로 쌓아 올린 거품 전세 가격일 가능성이 크다. 실제로 강남 지역은 물론 서울의 역전세는 2022년 하반기 금리가 인상되자 본격화되기 시작했다.

이 과정에서 소유주인 임대인이 갭투기를 한 경우 최소 3억 원에서 많게는 7~8억 원을 현 임차인에게 내어주어야 하는 곳까지 나타나고 있다. 전세보증금을 내어줄 수 없는 소유주의 물건들이 급매로 나올 수밖에 없는 시장 상황이다. 이러한 현상은 입주물량이 많은 지역일 경우 2023년에도 지속될 가능성이 크다.


## 부동산 정책이 나아갈 방향

불과 1, 2년 전만 해도 집값 폭등 때문에 얼마나 많은 국민이 힘들어했는가. 2021년 말 기준으로 2,145만 가구 중 232만 6천 가구가 일시적 2주택자다. 투자든 투기든 아니면 상속을 받았든 여러 가지 이유가 있겠지만 확인해본 바로는 대부분 투자성이다. 232만 6천 채라는 집은 어마어마한 물량이다. 여기에 81만 9천 가구가 3주택 이상을 가진 다주택자다. 집을 두 채도 아니고 세 채 이상 가진 사람들이다.

그런데 집을 팔 때 양도세를 감면해주고, 대출 조건을 완화해주고, 소형 임대사업자 제도를 만들고, 이 사업자에게 대출을 지원해줘서 집을 사게 해주는 정책이 지금도 이어지고 있다. 저금리를 장기화하고 대출이나 거래 조건을 완화한다는 이야기다. 예를 들면 주택을 샀다가 팔 때 차익이 나도 양도세를 감면해주는 것이다.

이러한 우회적 지원 정책은 주택 가격의 정상화를 막고 다시 거품을 키울 가능성이 크기 때문에 더 이상 유지되어서는 안 되는 정책이다.

이러한 정책은 인구감소라는 커다란 벽에 부딪힐 수밖에 없다. 역피라미드의 인구구조가 되면 결국 소수가 주택 과다 보유를 통해 더 이상 초과 이익을 창출하기 어려워진다. 그리고 일정 시기가 되면 거품 붕괴라는 과정을 거칠 수밖에 없을 것으로 예측된다.

어느 지역에서 분양을 한다면 분양가는 어떻게 정할까? 보통 규제지역 같은 경우에는 분양가 상한제가 있고 분양가 심의위원회가 있다. 주위 시세에 맞춰서 적정한 수준으로 분양가를 정하는 것이다. 우리나라 주택 거래 가격의 신고제가 60일제다. 오늘 계약을 했는데 60일 안에만 취소를 하면 아무런 제재가 없다.

이것도 빨리 고쳐야 하는 제도다. 왜냐하면 이 제도를 악용해서 가짜 계약 거래가 나오기 때문이다. 그리고 그게 시세로 등장한다. KB은행은 그 시세를 그대로 반영한다. 만약 일부 나쁜 의도를 가진 공인중개사들이 '여기 집값을 올리자'고 작정하면 집값을 올릴 수 있는 것이다. 예를 들어 4억 원짜리 집을 5억 원으로 계약하고 50일 뒤에 취소해버린다. 그러고는 4억 원짜리 집이 5억 원에 계약됐다고 말한다. 그러면 그 집 시세가 5억 원이 된다. 그리고 다시 6억 원에 계약한 후 취소하면 이 집은 이제 6억 원이 된다. 이런 식으로 한두 달 새에 2억 원씩 오르는 일이 벌어진다.

언론은 그걸 또 기가 막히게 보도를 한다. 어디에 몇억원이 올랐다는 말을 예사로 들었을 것이다. 진정한 기자라면 계약한 공인중개사를 찾아가서 정상 계약인지 아닌지 확인 정도는 해야 하지 않을까. 주위 공인중개사들한테만 물어봐도 충분히 알 수 있는 내용이다.

달랑 하나 거래된 걸 가지고 그걸 시가로 하는 이런 식의 행태가 바로잡혔으면 좋겠다. 그러면 좀 더 투명한 실거래 가격이 되지 않을까. 언론은 물론이고 정부도 개선에 나서줬으면 하는 바람이다.

## 02
# 공급 요인이 시장의 방향을 정할 수 있는가

### 향후 예정된 주택 입주물량 폭탄

2018년부터 2021년까지 부동산 시장의 흐름을 정리해 보면, 저금리에 전세대출이 확대되면서 매물은 부족한 반면 수요는 증가하는 시장이었다. 시장에서 중요한 점은 언제까지 상승하고 언제부터 조정될지 예측하는 것이었다.

2018년 정부가 전 정부에서 풀었던 분양가상한제를 문재인 정부가 2020년 7월 민간택지에 대해서도 부활시켰다. 이로 인해 2020년 7월 29일부터 서울 및 전국의 재건축 입주자 모집공고를 하는 현장에는 분양가상한제가 적용되었다. 그러자 서울을 비롯한 전국의 재개발, 재건축 현장은 분양가상한제 적용을 피하기 위해 2020년 7월 전에 관리처분을 마치고 사전에 입주자 모집을 하기 위해 신속하게 사업을 진행했다.

이 시기에 몰렸던 서울의 재개발, 재건축 물량에는 2022년 가을경부터 입주가 시작되고 있다. 강남 4구의 경우 2023년 입주물량은 대단지 아파트만 1만 2천여 세대

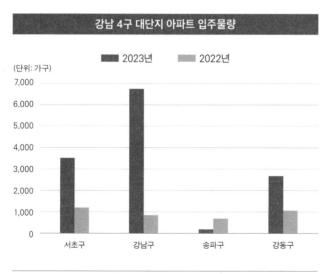

**강남 4구 대단지 아파트 입주물량**

자료: 한국부동산원

에 이른다. 전년 대비 5배에 가까운 물량이다. 일반 중소
규모 단지까지 합하면 무려 2만여 세대가 입주를 하는
입주 폭탄이 벌어진다. 2023년 강남 3구에는 대단지 아
파트만 1만 2천여 세대이고 소규모단지(200~500세대)까지
포함하면 2만여 세대가 입주한다.

역전세난 속에 쏟아지는 입주물량은 전세 가격 하락을
심화시키고 이는 매매 가격 하락으로 이어질 것이다. 가
뜩이나 역전세난이 지속되고 있는 가운데 앞으로 쏟아질

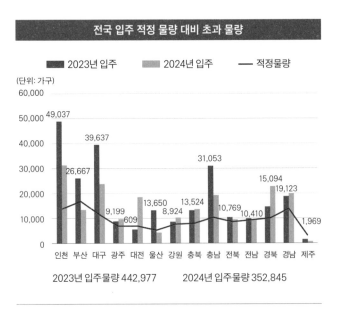

전국 입주 적정 물량 대비 초과 물량

■ 2023년 입주    ■ 2024년 입주    ── 적정물량

(단위: 가구)

2023년 입주물량 442,977    2024년 입주물량 352,845

입주물량은 강남 4구의 주택 가격 하방 압력을 가속화하고 추가 하락 조정을 나타낼 것으로 보인다.

전국적으로도 44만 호에 이르는 공동주택 입주물량이 있어, 2023년 입주물량의 공급 확대로 인해 시장은 약세를 보일 수밖에 없을 것이다.

특히 부산과 울산은 2023년에 입주물량이 초과 상태이고, 대전은 2024년에 과잉 초과이며, 인천, 대구, 충남, 충북, 경남, 경북은 23년 24년 모두 시장 적정 입주물량 초과 상태이므로 향후 1~2년은 지역별 입주물량에 따른 주택 가격 조정 및 하락이 불가피할 것으로 보인다.

다만 정부의 전방위적인 투기 조장까지 감수한 연착륙을 위한 규제 완화가 변수다. 그러나 조작적으로 하락 조정을 거쳐 정상화되고 있는 시장을 인위적으로 막고 주택 시장의 가격을 유지한다고 해도, 일정 기간 후에는 추가적 조정 하락이 나타나 다시 하락기로 접어들 가능성이 크다.

바젤3 시행으로 대출 규제가 강화되었고, 고금리로 인해 수요는 감소하여 전세가격이 하락하고 있다. 게다가 변수가 하나 더 있다. 2023년에 착공할 공공분야 물량이 3기 신도시에만 17만 호가 있다. 그러니 '지금 꼭 집 안

| 대한민국 공급 로드맵 | | | | | | |
|---|---|---|---|---|---|---|
| 관계부처 합동 2022년 10월 26일 발표 | | | | | | |
| 270만 호 공급계획 | | | 향후 5년간 주택 공급계획 | | | |
| 270만 호 공급 공공택지 88만 호 | | | 정비사업 52만 호 기타사업 130만 호 | | | |
| 2023~2027년 | | 2023 | 2024 | 2025 | 2026 | 2027 |
| 공공택지 | 88 | 13 | 16 | 20 | 19 | 20 |
| 수도권 | 62 | – | 11 | 14 | 13 | 16 |
| 서울 | 5 | 0.5 | 1 | 1 | 1 | 1.5 |
| 국토교통부 2022년 10월 26일 발표 | | | | | | |
| 공공분양 50만 호 공급 | | | 청년·무주택서민 내집 마련 기회 확대 | | | |

- 분양물량: 2023~2027년 50만 호
  - 청년 특공 신청 청년층: 2023~2027년 34만 호
  - 중장년층 공급 확대: 2023~2017년 16만 호

| 국토교통부 2022년 11월 22일 발표 | |
|---|---|
| 3기 신도시 총 17.1만 호 공급 | 인천 계양지구 착공(2022. 11) |

- 내년 상반기까지 모든 지구가 착공에 들어갈 계획

사도 된다'는 심리가 작용하게 된다.

2023년 상반기에 신도시 17만 호가 착공될 예정이다. 그러면 3년 뒤에 그 집들에 입주할 수 있는데, 3년 뒤 시장이 어떻게 될까? 만약 여러분이 투자자로 집을 많이 갖고 있다면 지금 파는 게 나을까, 3년 뒤에 파는 게 나을까? 3년 뒤에 집값이 더 내려갈 수도 있지 않을까? 아니, 지금

많이 내려갔으니까 올라가지 않을까? 혼돈의 상태다.

무주택자인 수요자 입장에서는 지금 안 사도 곧 착공할 공공분양이 더 싸고 집도 더 좋을 것 같고 위치도 좋다. 그러면 수요가 줄 수밖에 없을 것이다.

공급 로드맵을 보면 수도권에 공공택지 88만 호 중 67만 호가 배정되어 있다. 2023년에 9.5만 호, 2024년에 12만 호로 공급량이 충분하다고 볼 수 없다. 그러나 공공택지의 분양 가격 등을 감안할 때 시장에 던져지는 시장 하방 신호는 강할 것으로 보인다. 특히 3기 신도시 전 지역의 17.1만 호를 2023년 상반기에 착공한다는 발표가 나왔다. 이미 토지보상이 완료된 곳이 50%을 넘어서고 있어서 3기 신도시 공사는 순조롭게 진행되고 있다. 이는 향후 시장의 반등 및 상방 압력을 제어하는 역할을 할 것이다.


## 서울의 매물이 늘고 있다


그동안 주택 공급이 부족하다는 이야기를 많이 들었을 것이다. 그런데 다음 페이지에 나오는 그래프를 보면 서울

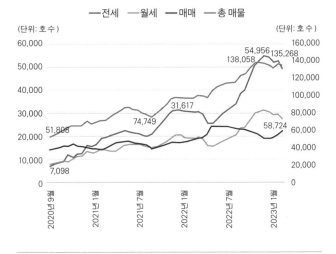

자료: 아실(asil.kr) 매물 자료

아파트의 매물이 꽤 많이 있다는 걸 볼 수 있다. 신축 물량만 공급이 아니라 재고 물량도 공급이다. 새 집을 안 지어도, 다주택자들이 가지고 있던 집을 내놓고 무주택 실수요자들이 그 집을 사면 시장은 정상화될 수 있다. 다만 그 균형점이 도래하는 시기는 거품이 제대로 꺼지고 나서부터일 것이다.

지금은 집을 싸게 팔면 빨리 살 텐데, 싸게 안 파니까 안 사는 것일 뿐이다. 간단하다. 그런데 몇 년째 매물이 엄청나게 늘어났다. 2020년 8월에 전·월세 매물과 매매 물건에 대해서 허위 매물 신고제가 시작됐다. 허위 매물을 올리면 벌금을 받기 때문에 그때부터 진짜 매물 숫자가 제대로 집계됐다. 2020년 당시에 서울의 아파트 매매 매물이 3만 개, 전·월세가 8천 개 수준이었다.

그런데 불과 2년 사이에 전세가 1만 개에서 5만 개가 됐고 월세는 8천 개에서 3만 개가 됐다. 아파트 매물은 3만 개에서 이거 4만 개로 늘었다가 2022년 하반기에는 6만 5천 개까지 늘었다.

여기서 눈여겨봐야 할 것은, 2022년 하반기 매매 매물이 최고인 65,261에서 57,370개로 줄어든 지점이다. 매매가 8천 개 정도 줄어드는 몇 개월 동안 전세는 1만 5천 개가 증가한 것이다. 왜 이런 현상이 나타났을까? 아파트를 팔려고 내놨는데 안 팔리는 것이다. 돈이 부족하거나 부담이 되는 상황인데 집이 안 팔린다고 계속 비워놓고 금리도 비싼데 돈을 빌리기는 힘들다. 그러니 일단 전세라도 주는 것이다.

이 현상은 앞으로도 당분간 계속될 것이다. 현재의 경제 상황이 어려운 데다 이런 매물의 공급 현황까지 겹쳐 시장이 힘을 많이 못 쓸 거라는 걸 예측할 수 있다. 2022년 10월 20일 서울의 전세, 월세, 매매를 합친 총매물이 13만 8천 개로 최고 물건 수를 기록했다.

2022년 이후 정부의 규제 완화 대책이 터져 나오기 시작한 10월부터 2023년 1.3 대책이 나오고 나서 총매물 수는 여전히 13만 6천 개로 유지되고 있다. 감소된 매매물량은 전세 물량으로 전환되어 전세 물건은 여전히 최고 매물을 기록 중이다.

특례보금자리론이 1월 30일부터 시행되면서 서울 아파트의 거래량이 소폭 증가하고 있다. 2023년 2월 15일 기준으로 거래 상황을 볼 때 3~4월까지는 혼돈의 시장이 될 것으로 보인다. 그러나 40조 원이라는 예산이 소진되고 나면 시장은 다시 하향으로 선회할 가능성이 크다.

문제는 정부가 3월 2일부터 다주택자와 임대사업자의 대출 규제를 풀게 되면 시장의 변동성은 다시 등장할 수 있다는 것이다. 그러나 이 대책이 대세 하락을 거스르기에는 역부족이라고 보인다. 미국의 금리 인상이 여전히 진행 중이고 세계 글로벌 경제 상황도 녹록지 않기 때문이다.

# 택지공급지정 물량 120만 호

　아래 그림은 문재인 정부 때 지정해놓은 택지지구 공급 현황이다. 공공택지로 지정해놓은 땅의 물량이 120만 호 정도다. 앞으로 최소 100만 호가 나온다는 말이다.

　노태우 정부 때 1년간 수도권 인구가 35만~50만 명씩 증가했다. 주택공급 부족으로 전세 가격이 급등하는 등 사회문제가 불거지자 노태우 정부는 1990년에 200만 호

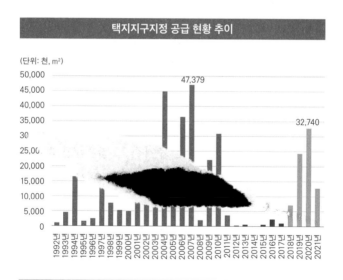

자료: 국토교통부 택지지정 통계

1기 신도시 공급을 발표했다. 그리고 바로 지어서 분당을 시작으로 3년 만에 입주하기 시작했다. 입주하기 시작한 1년 뒤부터 1998년까지 8년간 주택 가격이 안정되었다.

왜 그랬을까? 심리적으로 앞으로 나올 집이 신축이고 더 저렴하게 분양을 하니 사람들이 집을 안 사는 것이다. 이때부터 1998년 10월 IMF 외환위기가 터지기 전까지 장장 8~9년 동안 대한민국 주택 가격은 안정적이었다. 대한민국의 역사상 그렇게 집값이 안정된 적이 없었다.

정부가 나서서 과도한 분양 가격을 제어한 점은 우리가 주목할 부분이다. 2023년 현재 수도권 인구 증가는 거의 제로 수준이다. KOSIS 국가통계에 따르면 서울은 2021년 −1.7% 감소, 경기도는 0.86% 증가했다. 문재인 정부에서 공공택지공급을 위해 121만 호 분량의 택지를 지정했고 이 중 3기 신도시도 포함되어 있다. 이에 더해 윤석열 정부는 공공택지를 추가적으로 공급할 계획이다. 3기 신도시는 ███████████을 시작한다. 빠르면 2026년███████████한다. 물론 이후에는 매년 입주량이 증가하기 시작할 것이다. 그러면 집값이 어떻게 될지 예측할 수 있을 것이다.

## 3년 후 집값은 어떻게 될까?

　다음 페이지에 나오는 그래프의 흐름을 보면 부동산이 급등할 때마다 대책이 나왔다는 걸 알 수 있다. 상승 폭이 줄어들다가 하락으로 접어들어 7년간 하락기를 거친 적도 있다.

　2004년부터 2022년 11월까지의 그래프를 보자. 2008년 금융위기 때 상승세가 꺾였고 서울의 경우 30~40%의 폭락하는 곳들이 나타났다. 글로벌 금융위기 이후 미국이 경제침체 위기를 극복하기 위해 금리를 인하하자 이명박 정부는 5%였던 한국은행 기준금리를 2%로 인하하면서 동시에 전방위적 규제 완화 대책을 시행했다. 2023년 1.3 대책 수준의 규제 완화 대책이었다. 그러자 시장은 반등했고 30% 하락했던 강남 일대를 비롯한 서울 주택 가격이 전고점을 회복할 정도로 반등의 힘이 강했다. 그 이후 시장은 1년 뒤부터 다시 하락하기 시작하여 7년간 하락 횡보했다.

　2023년 부동산 시장도 반등할 수는 있겠으나 일정 시간 뒤에 재하락이 시작되고 하락 후 횡보가 심하면 7년도 갈 가능성이 있다는 말이다. 1997년 IMF 외환위기 때

| 3저 호황 | IMF | 서브프라임 사태<br>MB정부 | 최근 |
|---|---|---|---|
| • 저유가, 저달러, 저금리<br>• 무역수지흑자<br>• 경제성장률 연평균 10.7%<br>• 통화량 증가 | • 1998년 5월 주택경기활성화대책<br>• 1999년 3월 주택경기활성화조치<br>• 2000년 주택건설촉진대책, 건설활성화대책<br>• 2001년 매입임대사업활성화 | • 20회활성화대책<br>• 1가구2주택조건완화 재건축재개발 규제완화<br>• 전매제한 완화<br>• 보금자리주택 분양 공급<br>• DTI 규제 완화<br>• 세제 정책 완화<br>• 주택청약종합저축 | • 주택임대사업자제도<br>• 전세대출확대<br>• 대출한도확대<br>• 공공택지공급중단<br>• 양도세 등 세제책완화<br>• 코로나 저금리<br>• 갭투자 성행 |

**1986~2022년 주택 가격의 흐름과 관련 정책**

(단위: %)

전국 — 수도권 — 서울

24.2

22.5

12.8

6.5

-7.56
-7.70
-9.68

자료: 한국부동산원 '2022년 12월 전국주택가격동향조사' 보고서

는 우리나라가 기업부채만 위기였고 국민이 금 모으기 운동을 해서 3년 반 만에 극복했다. 그런데 2008년 금융위기 때는 우리의 위기도 아니고 미국발 위기였는데도 그림과 같이 7년 걸렸다.

3년 후 집값은 어떻게 될까? 지금보다 비쌀까? 나는 아니라고 본다. 미분양 아파트가 증가하고 있고 입주물량만 2023년에 40여만 호다. 여기에 미분양 아파트가 10만~15만 호다. 현재 기존주택 재고 물량은 서울 5만 호, 수도권 12만 호, 전국 13만 호 정도이므로 20만 호의 기존 주택 재고 물량이 있다고 볼 수 있다. 그리고 3년 후인 2026년부터는 3기 신도시 입주가 가시화되는 시기다. 전체적으로 당분간 정부가 어떠한 정책을 펼쳐도 쉽게 시장이 재상승하기에는 역부족인 상황이다.

현재 대한민국의 경제상황은 어떠한가? 기업부채뿐 아니라 가계부채도 심각하고 해외 상황도 안 좋다. 부동산 PF 부실 문제, 자영업자 문제 그리고 무역적자도 심화되고 있다. 12개월째 무역적자는 IMF 외환위기 이후 처음 있는 일이다. 이처럼 리스크가 많은 경제 상황과 폭등한 부동산 가격의 하락 조정 국면이 가세하면서 당분간 침체기가 올 것이다. 상식적으로 앞으로 시장이 단기간에 회복할 거라고 판단하는 것은 성급한 예측이라고 볼 수 있다.

주택 가격은 앞으로 더 하락할 수도 있고 횡보하는 시간이 더 길어질 가능성이 크다는 게 합리적인 판단이다. 물론 극적으로 재상승으로 전환될 수도 있다. 세계 경제가 정상적으로 돌아오고 대한민국의 수출이 살아나면 정부의 전방위적 투기성 규제 완화 정책이 가세하여 시너지 효과를 낼 수도 있다.

그러나 미국의 경제침체가 곧 시작될 가능성이 너무 확실시되므로 지금 상황에서 이러한 때가 오려면 최소한 2년은 걸릴 것 같다. 그리고 현재도 수요자가 부담하기 어려운 주택가인데 과연 얼마나 더 상승하겠는가?

변수는 정부의 투자, 투기 조장을 전제로 한 부동산 규제 완화 정책이다. 임대사업자에 대한 정책을 어떻게 하느냐가 문제인데, 이건 지켜봐야 할 것이다. 박근혜 정부도, 문재인 정부도 임대사업자 혜택을 과다하게 하면서 집값 폭등의 원인을 제공했고 국민의 비판에도 온갖 세제 혜택을 부여하면서까지 강행했다.

정부가 2023년 3월 2일부터 매입임대사업자 및 다주택자에 대한 대출 규제 완화를 시행하기로 했다. 철저히 국민을 무시하고 기득권을 위한 정책을 하겠다는 것이다.

일부 하락 폭이 큰 지역의 부동산에 대한 매집 행위가 일어날 것이고 이를 기점으로 또다시 투자, 투기 세력의 선동이 심화될 것이다. 여기에다 만일 정부가 미분양 매입 시 양도세 한시적 감면 대책까지 던진다면 시장에 다시 거품이 형성될 가능성도 배제할 수 없다. 그리고 제2의 영끌 사태를 만들 것이다. 그러나 그 거품 역시 다시 꺼질 것이라고 생각한다.

가수요자들이 시장을 선점하고 상승 분위기를 조성하고 언론들이 가세하면, 뒤이어 실수요자들이 추세적으로 수요를 발생시킨다. 이럴 때 시장은 소폭 상승을 넘어 폭등을 일으킬 수 있다. 지금이 예전과 다른 점은, 나를 비롯해 시장의 정확한 팩트를 시장소비자에게 전달하는 1인 미디어가 많아졌다는 사실이다. 그동안 언론사들이 담합하는 게 아닌가 하는 의심이 들 정도로 허위기사, 선동기사를 남발했다. 검증 없이 대중의 공포심을 이용해 영끌 피해자를 양산했다. 이처럼 퇴행적이고 책임지지 않는 언론의 행태 때문에 '기레기'라는 오명을 썼다.

이와 달리 유튜버들은 구독자가 최고의 동반자이며 수익을 창출해주는 고객에 대해 열정적으로 상호 간 신뢰를 쌓는 것이 최고의 경영 목표다. 광고주의 눈치를 보아야 하는 언론사들의 고객에 대한 가치관과는 상반된 경영방침을 가지고 있는 것이다. 시장의 참여자들은 이제 다양한 미디어를 통해 팩트를 접하면서 시장에 대한 판단을 할 수 있다. 이미 영끌 시기를 통해 부동산 거품의 민낯을 많은 시장참여자가 알아버렸기 때문에 예전과 같은 폭등장은 오기 어렵다고 본다. 도리어 일본형 장기침체가 일어날 가능성을 점검해볼 필요가 있다. 당분간은 부채를 줄이고 경제 상황을 지켜보면서 자산관리를 해나가야 할 시기임이 분명해 보인다.

전세대출이라는 포장으로 청년들의 노동력과 소득으로 주택 가격을 떠받쳐 합법적으로 약탈해가는 기득권의 행태는 더 이상은 없어야 한다. 이러한 행태를 방치한다면 청년들의 미래는 물론 국가의 미래까지 망칠 수 있다는 사실은 누구나 알고 있다.

만일 전세대출제도가 정말 필요한 일부계층에게만 지원된다면 대한민국의 부동산 거품은 확실히 없어질 것이고, 청년들의 미래와 대한민국의 미래 발전에 분명히 도움이 될 것이다. 그리고 언젠가 인구가 늘어나고 국가가 발전하게 되면 정상적인 부동산 시장상승 시대를 맞이하게 될 것이다.

## 5년, 10년 후의 부동산은 정상화될까?

그럼 5년 후에는 부동산 시장이 어떨까? 만일 충분히 거품이 제거되고 경제침체도 일단락 되면 정상적인 시장이 도래할 것이다. 그러면 상승과 하락 간의 차이가 좁혀진 상태에서 안정적인 부동산 시장이 지속될 것으로 보인다. 물가상승분만큼 소비자가 부담 가능한 주택 시장이 형성될 것이다.

만일 정부가 임대사업자 제도와 '미분양 매입에 대한 양도세 한시적 감면' 제도를 시행한다면 5년 후에 한번 들썩일 수 있다. 특히 1기 신도시 재건축을 볼모로 추진하고 있는 노후주택단지(목동, 상계동 포함) 일시적 멸실에 따른 일시적 공급 부족 상황을 도모하는 세력들이 기승을 부린다면 마지막 영끌 작전을 펼칠 것으로 보인다.

물론 이때쯤이면 부동산 시장에 대한 정보 공유가 확산되어 있어서 예전같이 피해를 보는 사람의 절대적 수는 적을 것으로 판단된다. 즉 임대사업자와 미분양 매입자 입장에서 자본시세차익에 대한 미래 기대와 확신이 없다면 쉽게 투자하기는 어려울 것으로 보인다. 이번 7년간의 상승장에서 유효수요가 거의 소진되었을 것이기 때문이다.

이는 '유효수요의 이동'이라고 할 수 있다. 당분간 수요의 공백현상이 이어지고 입주물량으로 인한 하향 안정화가 장기화될 가능성이 크다. 거품이 제거되기 전에는 유효수요가 한정적인 상황인 것이다.

분명한 사실은 충분히 거품이 제거되고 적정 가격 수준이 되면 시장의 유효수요는 정부 정책이 없어도 살아난다는 점이다. 과도한 가계부채로 인해 주택구매 부담능력이 역사상 최저치로 하락한 지금 시점에서 볼 때 5년 후 가계부채가 조정되고, 수출 등의 경제가 살아나며, 시장 참여자, 특히 실수요자들의 자금 축적이 개선되면 완만한 상승장이 될 가능성도 있다.

그럼 10년 후는 어떨까? 10년 후에는 다른 요소를 고려해야 한다. 핵심 구매 연령과 학생인구가 급감한다는 점이다. 핵심 구매 연령은 주택을 살 수 있는 여력이 있는 사람들이다. 우리가 2020~2021년에 계속 들은 이야기가 2030세대의 주택 매수가 늘었다는 것이었다.

10년 뒤에는 지금의 2030세대가 3040세대가 되고 1020세대가 2030세대가 될 것인데, 인구 고령화로 인해 그 숫자가 지금보다 무조건 적어진다. 게다가 지금의

2030세대가 지금의 상황, 즉 폭등 후 급락을 이미 경험했는데 다시 같은 일을 반복할까? 이번 같은 불장이 또 올수 있을까? 아마 힘들 것이다. 매수세가 생기더라도 그 힘이 이번 폭등장과 같은 일은 없을 것이라고 본다.

인구구조를 살펴보자. 아래는 통계청 자료에 의한 대한민국 향후 인구변화 추이다. 이런 지표들이 우리나라 인구가 고령화 사회가 되어가고 있다는 것을 보여준다.

그림처럼 국가 미래를 이어갈 학생연령의 인구는 급감

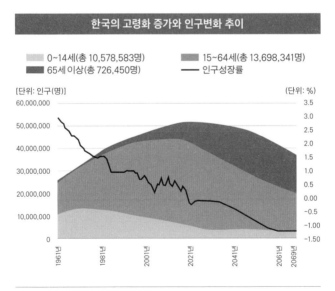

한국의 고령화 증가와 인구변화 추이

■ 0~14세(총 10,578,583명)　　■ 15~64세(총 13,698,341명)
■ 65세 이상(총 726,450명)　　— 인구성장률

자료: KOSIS 국가통계, 연령별 인구추이

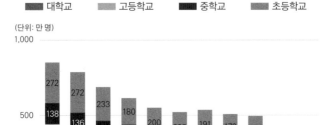

학교연령별 인구 추이

■ 대학교　■ 고등학교　■ 중학교　■ 초등학교

(단위: 만 명)

자료: KOSIS 국가통계

하고 있고 노인이 많이 늘어나고 주택 핵심 구매 연령인 35~54세가 줄어들고 있다. 이 흐름을 고려하면, 중장기적으로 10년, 20년, 30년 후의 부동산 시장은 새로운 시각으로 볼 필요가 있다.

## 03
# 계속 규제를 완화하면
# 집값이 안정화될까?

### 부동산 가격이 오르려면 소득이 늘어야 한다

　여기서 핵심적인 내용을 살펴보자. 바로 사람들의 소
득이다. 다음 페이지에 나오는 그림을 보면 서울 인구의
70% 이상의 소득이 실수령이 500 이하다. 서울 인구의
대략 50%가 유주택자이고 50%가 무주택자인데 70%가
이 정도 소득을 얻고 있다. 소득과 주택 가격 사이에 갭이
있는 것이다. 이 갭을 메우고 소득 수준과 주택 가격이 맞
으려면 주택 가격이 5년 동안 천천히 내려야 할 것이다.

자료: 통계청 KOSIS

그런데 지금은 이 자체 요인뿐 아니라 앞서 언급한 가계부채와 기업부채, 해외의 변수가 다 포함된 상태다. 무주택자들이 집을 사야 시장이 움직일 텐데 지금은 가격이 터무니없이 비싸니 못 움직이고 있다. 그러면 다주택자만의 게임이 된다.

그러면 앞으로 시장은 어떻게 될까? 부동산은 주식과 달리 하루아침에 클릭 한 번으로 사고팔 수 있는 게 아니다. 또한 폭등했다고 쉽게 올라탈 게 아니라 조심해야 한다는 걸 이번에 이미 겪었기 때문에 앞으로 시장은 좀 다른 모습이 될 것이다.

주택 가격이 오르려면 결국에는 소득 수준이 올라야

한다. 그럼 소득 수준이 올라가려면 어떻게 해야 할까? 금융산업 자본주의나 투기로 돈 버는 사람보다 공장이 늘고 고용이 늘어야 한다. 그래야 소득이 늘어나고 그것을 기반으로 주택 가격이 상승하는 게 아주 정상적인 자유 경제의 기본이다. 이런 정상적인 경제 원리가 지금은 깨져 있다. 그러므로 조정 기간 필요할 것이다.

## 향후 부동산 전망, 세 가지 시나리오

향후 전망을 나는 세 가지로 보고 있다. 첫 번째 시나리오는 일본형 장기 하향하는 것인데, 40% 정도의 가능성이 있다고 본다.

두 번째 시나리오는 한국형 부동산 하향이다. 내려갔다가 반등했다가 다시 내려가기를 반복하는 가능성을 20% 정도로 본다.

마지막 시나리오는 5년에서 10년 내 반등 가능성이다. 어느 정도 가격 조정이 있고 나서 정부가 임대사업자 관련 정책을 펼친다든지, 경제주체들의 소득이 몇 년간 늘고 심리도 긍정적으로 바뀌고 공급 물량도 많아지면서,

| 향후 부동산 시장 시나리오 | |
| --- | --- |
| • 인구 감소 | • 소득 양극화 심화 |
| • 선진국형 저성장 국면 | • 과도한 가계부채 |
| • 과도한 주택 가격 | • 향후 공급 물량 확대 |
| • 주택 핵심 구매 연령 감소+고령화 증가 | • 제조업의 성장성 둔화 |

| 일본의 전철을 따를 수 있는 요인이 많음<br>1,000명당 주택 수 부족 | |
| --- | --- |
| 시나리오 1 | 일본형 장기 하향 |
| 시나리오 2 | 한국형 부동산 하향 |
| 시나리오 3 | 5~10년 내 반등 가능성 |

선택의 폭이 넓어지면 거래가 일어날 것이다. 그러면서 일시적으로 반등할 수 있다.

그러나 중장기적으로 지난 7년간과 같은 불장과 폭등은 앞으로 올 수 없다고 생각한다. 따라서 앞으로 시장에 대처할 때는 이런 불장을 기대하지 말길 바란다. 그건 투기적인 요소로 접근하는 것이지 정상적인 투자 마인드가 아니다.

# 예전과 같은 불장은 없을 것이다

그동안 힘든 시간을 보냈지만 앞으로는 정부가 특별하게 시장을 왜곡시키지 않는 한, 지금의 예정대로만 차곡차곡 간다면 좀 더 희망찬 미래를 맞이할 수 있는 부동산 시장이 될 것이라고 본다.

그동안에 투자를 해서 돈을 번 사람도 있겠지만 영끌을 해서 힘든 사람도 많을 것이다. 만약 과도하게 레버리지를 활용했다면 지금이라도 냉정하게 자산 포트폴리오를 재구성하고 부채 부분은 개선해야 한다. 현재 나의 소득으로 과연 3년을 버틸 수 있을지 판단해야 한다. 내가 1년은 버틸 수 있는데 1년 뒤 집값이 다시 오를 거라는 생각은 성급한 판단이다. 만약에 1년을 버텼다가 더 못 버티면 어떻게 한단 말인가. 1년 동안 시간과 정신적 에너지를 쓰고 이자는 이자대로 다 내면서 손실을 보게 된다.

그러니 주식 시장으로 말하면 손절도 고려해야 한다. 선택은 본인의 몫이지만 빨리 정리하면 이자도 안 나갈뿐더러 1년 동안 버는 돈이 자기 돈이 된다. 중장기적으로는 오를 것이니, 그 시간을 견딜 능력이 되는지 신중하게 생각해보길 바란다. 최소 3년을 버티는 데 문제가 없다고 판단되는 경우에만 유지해나가는 것이 리스크에 대비한 합리적 자산관리일 것이다.

다주택자들도 마찬가지다. IMF 외환위기와 2008년 글로벌 금융위기 때 내가 아는 다주택자들 중 30%가 파산했다. 지금 역전세가 나오는 상황이다. 전세를 끼고 집을 열 채씩 사둔 사람들이 있다. 100억 자산가인데 실제 재산은 8억 원밖에 없는 경우도 있다. 나머지는 다 전셋돈이고 대출일 수도 있다. 자산이라는 건 자기자본과 부채의 합이기 때문이다. 사실 이런 식으로 100억 자산가가 나온다는 것 자체가 시장에 거품이 끼어 있고 시장에 문제가 있다는 의미다.

다주택자들 중에서도 파산한 사람들의 공통점은 무리하게 집 수를 늘렸다는 점이다.

자산에 대한 욕심으로 부채가 많은데 무리하게 버티다가 역전세난 등으로 동시에 부채가 밀려오면 막을 수가 없다. 그때는 은행도 안 도와준다. 다 경매로 넘어가고 파산하고 만다. 그러니 반드시 대비하길 바란다.

무주택자들은 당분간은 생업에 충실하고 금리, 환율 등을 공부하면서 현금을 차곡차곡 모으되 부채는 줄이길 바란다. 그러다 보면 기회가 분명히 올 것이다.

결론적으로 3년 정도 하락장이 이어질 것이고, 5년 뒤도 하락장일 가능성이 많다고 본다. 10년 뒤는 중간에 반등이 있겠지만 중장기적으로 예전 같은 불장은 없을 것이다. 10년 뒤 집값은 지금처럼 소득 수준 대비 어마어마한 부담을 주는 일은 없을 것으로 보인다. 주택부담지수가 120~130 정도로 안정적일 가능성이 크다.

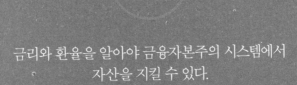

금리와 환율을 알아야 금융자본주의 시스템에서
자산을 지킬 수 있다.

# 3부

# 대한민국 중산층이 자산을 지키는 길

THE CRASH

# 01
# 미국 물가와 금리를
# 고찰해야 하는 이유

## 금리가 부동산 시장에 미치는 영향

2008년 글로벌 금융위기 이후 14년이 지나 2023년이 되었다. 2008년 당시 10대, 20대, 30대는 2023년 지금 20대와 30대 40대가 되었다. 부동산 폭등기인 2015~2022년 상반기까지 7년간 상승장이 이어졌고 특히 20년부터 영끌과 갭투자가 성행했다. 2019년부터 2030세대들의 주택매입이 증가하기 시작하더니 서울 아파트의 경우 이들의 매입 비중이 2021년 6월에는 44.8%까지 급등했다.

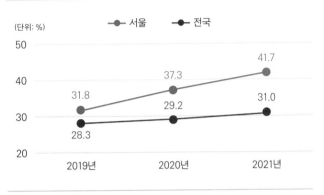

**2030세대 아파트 매입 비중 추이(연평균)**

(단위: %)  ━●━ 서울  ━●━ 전국

50

41.7

40

37.3

31.8

31.0

30

28.3

29.2

20

2019년        2020년        2021년

자료: 한국부동산원

 

당시 기준금리는 저금리였기 때문에 갭투자 붐이 형성되기 최적의 환경이었다. 2019년 1.5%였던 저금리가 2020년부터 코로나가 터지면서 0.5%라는 초저금리로 거의 2년이란 시간 동안 지속되었다. 당시 주택담보대출금리는 2% 후반에서 3% 초반대로 유지되었다. 대출금리가 3%라고 가정하면 5억 원을 대출받아도 원리금 균등상환 방식인 경우 월 210만 8천 원을 내면 되었다. 3억 원을 대출받았다면 월 126만 원을 납부하면 되었다. '영끌'이라는 단어가 본격적으로 회자되고 언론의 '벼락거지' 기사가 난무하기 시작하던 때였다. 이때 2030세대의 서울 아

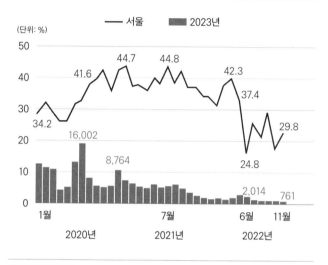

파트 매수 비중이 41.6%까지 치솟기 시작하더니 2021년에는 45%에 육박했다.

2030세대들이 시장을 주도하던 시기였다. 정상적인 주택 매입이 아니라 갭투자라는 망령이 젊은이들의 뇌를 지배하던 시기였다. 2023년 2월 기준 2030세대의 서울 아파트 매입 비중은 전체 주택 거래량이 감소되는데도 불구하고 20%대이다. 20대라면 대학을 졸업하고 취직해서 사회생활을 시작하는 시기다. 친구들, 회사, 사업 등 인생 설계와 함께 청춘을 열심히 보낼 시기다. 대부분의 젊은이들은 그냥 열심히 삶에 정진하고 있었을 뿐인데 부동산이 사회갈등마저 부추기는 상황이 되었다.

부동산을 피부로 느끼고 깊이 생각할 시간도 없이 지내다 부동산 상승의 폭등기를 7년간 겪은 대다수의 청년은 '삼포세대', '오포세대'라는 사회의 슬픈 신조어를 들으면서 기득권과 기성세대 그리고 갭투기로 주택 가격을 폭등시키는 이들에 대한 보이지 않는 서운함과 원망을 가질수밖에 없다.

선진국을 보면 '가구소득 대비 주택 가격 비율PIR'이 8~10 정도 수준이다. 대한민국은 기관마다 차이가 있으나 서울의 경우 2022년 초 18~20이란 엄청난 수치를 나타냈다. 이는 20년간 열심히 모으고 아껴야 집을 마련할 수 있다는 뜻이다. 한 푼도 안 쓰고 20년을 모아야 집 한 채를 살 수 있다는 말이니, 소득의 반만 쓰고 저축하면 40년이 걸린다. 현실적으로 불가능한 얘기다.

금리가 오르면 자산 가격이 하락하는 건 필연적이다. 반대로 금리가 하락하면 자산 가격이 오르게 되어 있다.

한국은행이 기준금리를 인하했을 때 펼쳐질 경제 상황

을 생각해보자. 금리인하를 하면 은행들은 한국은행에서 더 싸게 돈을 빌릴 수 있고 이전보다 낮은 금리로 대출을 할 수 있게 된다. 기업이나 가계는 더 낮은 금리로 돈을 빌려 투자나 소비를 할 수 있게 된다. 특히 싼 자금을 이용하여 부동산이나 주식 등에 투자하는 사람들이 늘어남에 따라 부동산의 가격이나 주가가 상승할 가능성도 커지게 된다.

저금리가 장기화되면 우리나라의 경우 전세보증금을 이자 없는 대출 레버리지를 활용하면서 갭투자를 하는 데 부담이 없어진다. 예를 들어 5억 원인 부동산의 전세보증금이 4억 원이라면 1억 원을 빌려 구매하는 갭투기를 할 수 있다. 만일 부동산이 20%가 상승하면 가격은 6억 원이 되고 갭투자자는 투자금 1억 원에 대해 100%라는 수익률을 달성하게 된다.

부동산 가격이 상승할 거라는 기대하에 이러한 갭투기 수요가 많아지고, 저렴한 주택담보대출금리를 이용한 실수요자까지 가세하게 되면 일시적으로 수요가 집중되면서 주택 가격은 상승하게 된다.

또한 금리 인하에 따라 국내외 투자자들은 더 높은 금리를 주는 국가를 찾아 가므로 자본의 해외 유출이 벌어지게 된다. 이때 외환 수요가 증대되므로 우리나라 원화의 환율이 상승하게 된다. 환율 상승은 국제시장에 우리 상품의 수출 가격이 낮게 공급되는 효과를 가져오므로 수출 상품의 증대를 가져온다. 반면에 수입 가격은 비싸지게 되면서 수입 상품에 대한 수요가 감소하는 효과도 있다.

이처럼 기준금리 인하는 경제 전반에 걸쳐 가계의 소비와 기업의 투자를 촉진하고 자산 가격의 상승을 가져오며 수출을 증대시킨다. 그러나 수출하는 상품의 원자재가 국내에서 조달되는 경우라면 수출 증대가 이루어지지만, 반대로 수출상품의 원료와 재료가 수입하는 것의 비중이 많다면 도리어 수출 상품 가격의 경쟁력은 사실상 실효성이 없어진다.

또한 저금리가 이어지면 통화량이 증가하고, 물가 상승 압력이 커짐과 동시에 가계와 기업의 부채가 증가하는 문제가 있다. 물가가 상승을 계속하면 가계는 소비를 줄이게 된다. 이는 기업의 수익 감소와 고용 감소로 이어지고, 상품 공급을 줄이거나 기업 운영이 어려워지면서 파산하게 된다. 이는 다시 고용 감소와 소비 감소로 이어지는 악순환이 시작될 수 있는 것이다.

결국 대출에 대한 연체율은 높아지고, 금융기관이 어려

워지면서 은행의 부실과 가계의 파산으로 이어지게 된다. 그래서 각국의 중앙은행이 물가안정을 첫 번째 목표로 운영하는 것이다.

반대로 금리가 인상되면 은행의 예금금리와 대출금리가 상승하게 된다. 가계와 기업은 높은 금리를 받기 위해 저축을 하게 된다. 은행과 금융기관은 높아진 금리로 대출자들의 이자 부담 상환능력의 부실화를 우려하여 대출에 신중해지면서 대출이 필요한 경제주체들은 자금을 구하기 어려워진다.

금리가 부동산 시장에 미치는 영향을 보자. 강남 일대의 20억 원짜리 아파트의 2022년 임대 수익률은 1.5~2.5% 수준이다. 강남 3구 중 하나인 송파구 어느 아파트의 32평형 매매가는 19~20억 원이다. 전세가는 10억 원, 월세는 보증금 1억 원에 월 임대료 300만 원, 연임대료는 3,600만 원이다. 월세로 임대할 때 순투자금 19억 원에 대한 연 임대료 3,600만 원을 자본환원률, 즉 수익률로 환산해보면 세전 1.8%에 그친다.

만일 예금금리가 4%라면 누가 부동산을 사겠는가? 빨리 매도하고 4%에 가까운 금리를 제공하는 국채나 4~5%의 금리를 주는 은행에 예금하는 게 정상이다. 자본,

즉 돈은 수익을 쫓아다니는 게 자본주의의 속성이다. 금리가 오르면 부동산은 가격하락압력을 받게 되는 것이다.


## 금리와 역전세

사람들은 어떠한 소비 행위를 할 때 최소의 비용으로 최대의 효과를 누리고자 한다. 주거 문제에 있어서는 더욱 그렇다.

수요자는 대부분 항상 합리적이고 현명하다. 이는 자본주의 경제 논리에 따른 것이다. 금리 인상이 계속되면서 수요자가 부담할 수 있는 전세 가격 수준을 넘어섰기 때문에 전세로 거주하는 것에 부담을 느끼는 수요자들이 주거에 대한 다운사이징을 통해 월세로 이전한 것이다.

미국은 8번 연이어 금리를 인상했고 우리나라도 따라서 금리를 인상했다. 금리 인상은 대출자에겐 이자 부담으로 나타나게 되는데, 이자 부담이 소득에서 일정 부분을 넘어서면 부담을 느끼게 되어 현재의 주택 수요 수준을 유지하기 어려워진다. 이것을 주택 수요의 임계점이라고 보면 된다.

2020년에 임대차 3법이 시행되고 언론의 부추김까지 더해져 주택 가격과 전세 가격이 많이 올랐다. 그때 무리해서 대출을 받아 아파트에 전세로 간 사람이 많다. 그때 전세대출 이자가 1.5~2%밖에 안 됐다. 아파트에 살다가 갑자기 전셋값이 올라서 1~2억 원쯤 대출을 받았어도 이자가 2%면 한 달에 40~50만 원이니까 부담이 그리 크지 않았다.

그런데 지금은 전세대출 이자가 5~7% 정도니 한 달에 100~120만 원을 이자로 내게 된다. 게다가 물가까지 올랐다. 그러면 과도한 대출이자 부담은 정상적 삶의 활동에 지장을 가져오기 시작한다.

동일 대체제에 대한 부담이 적다면 당연히 다운사이징을 하거나 대체제를 선택하게 된다. 똑같은 아파트라도 전세보다 월세가 저렴하니 월세로 이전하는 것은 당연한 시장의 순리. 전세 가격이 부담할 수 있는 적정 가격이 아니거나 대체제가 더 부담이 적은 것이라고 사람들이 판단하면서 역전세가 나타나기 시작했다.

2020~2022년 초까지 전세 가격 폭등으로 2~3%대의 금리로 추가 전세대출을 받아 계약을 한 사람들의 비중이 서울은 70%, 경기도 수도권은 80%다. 금리가 치솟으

면서 전세대출 금리가 6~7%대로 급등했다. 그런데 월세 부담 이자율은 3~4%대다. 동일한 주거상품에 대한 부담이 적은 쪽으로 이동하는 것은 경제 소비주체의 합리적인 선택이다.

여기에다 전세 사기가 사회문제가 되면서 전세에 대한 비선호도가 증가한 것도 한 요인이다. 전월세 전환률보다 저렴했던 저금리 시대의 전세대출은 문제가 없었으나 전세에 대한 부담이 더 커지면서 역전세의 문제가 대두된 것이다.

이러한 시장 환경에서 전세에서 월세로 이전한 집들은 뒤이어 다른 임차인이 들어와야 기존 임차보증금을 돌려줄 수 있다. 그런데 다른 임차수요자들도 현재의 전세 가격은 부담되기 때문에 수요가 없다. 결국 소유주가 전세금을 못 돌려주거나, 역으로 전세금을 내려주면서까지 세입자에게 살아달라고 협조를 요청하는 상황이 발생하고 있다. 이러한 현상을 '역전세'라고 한다.

갭투자 붐 당시 자기 돈은 거의 없이, 혹은 10~20%만 자기자본을 가지고 부동산을 매입한 소유주는 대부분 전세보증금 상환능력이 없다. 보증금 인하로 인한 차액을 돌려주지 못하자 이에 대하여 역으로 이자를 임차인에게 지급하는 경우도 있는데 이를 '역월세'라고 한다.

결국 이런 현상에는 금리 인상이라는 요인이 결정적이다. 그리고 금리 인하는 당분간은 없을 것으로 보인다.

2021년 당시 계약자들은 전세 가격 최고점 수준에서 임차계약을 했다. 그리고 2년 만기인 시점이 2023년이다. 2022년도 상반기에 계약한 사람들도 2024년 상반기에 역전세 상황이 될 것은 자명하다. 결국 고금리라는 요인이 자본환원율과 금리에 대한 부담이라는 고리를 자극하여 역전세와 역월세를 낳았다.

2023년 2월 국토연구원이 이러한 역전세로 인한 전세 보증금 미반환 실태와 전망에 대한 보고서를 발표했다. 이것은 집주인들의 '자금조달계획서'를 조사하여 향후 주택 가격 하락에 따른 역전세와 보증금 미반환의 숫자 등을 연구한 것인데, 상당히 실증적이고 합리적으로 미래를 예측했다. 다음 페이지에 나오는 두 그림에서 보듯 주택 가격이 하락하는 정도에 따른 미반환 보증 문제는 생각보다 심각할 수 있음을 보여주고 있다.

이 보고서는 단순한 임대차 계약 기간 도래 시기와 임대 보증금 수준과의 괴리에서 빚어지는 역전세 현상에 대한 나의 예측과 일맥상통하다. 즉 미국과 한국의 금리 인하

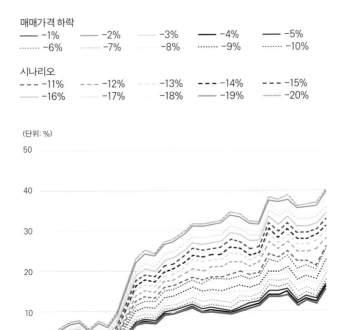

보증금 미반환 위험 주택비율 추이(계약갱신청구 0%)

매매가격 하락
—— -1%　　—— -2%　　—— -3%　　—— -4%　　—— -5%
······· -6%　　······· -7%　　······· -8%　　······· -9%　　······· -10%

시나리오
--- -11%　　--- -12%　　--- -13%　　--- -14%　　--- -15%
—— -16%　　—— -17%　　—— -18%　　—— -19%　　—— -20%

(단위: %)

자료: 국토교통부 자금조달계획서

가 있기 전까지는 역전세, 역월세 현상이 심화될 것이고,
2024년 초 내지 상반기까지는 계속될 것이다. 그리고 이

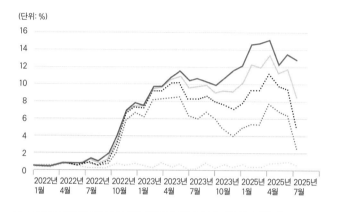

**주택 가격 5% 하락 기준 보증금 미반환 위험 주택 비율 추이**

━━━ 갱신요구 0    ━━━ 갱신요구 25    ‧‧‧‧‧‧ 갱신요구 50
‧‧‧‧‧‧ 갱신요구 75    ‧‧‧‧‧‧ 갱신요구 100

(단위: %)

자료: 국토교통부 자금조달계획서

는 일정 기간 주택 가격에 하방 압력을 가중시킬 것이다.

**잠시 반등할 수는 있으나
대세 하락은 막을 수 없다**

최근 정부가 전방위적인 규제 완화 대책을 쏟아냈다.

다주택자와 건설사 투자자 투기자를 위한 정책이라는 비판 속에서도 '부동산 시장 연착륙', '부동산 시장 정상화'라는 명분을 내세웠다. 이는 누구나 이해할 수 있는 정책 방향성이긴 하다. 그러나 정책의 세부 대책을 하나씩 살펴보면 현재의 시장 흐름을 거스르기에는 역부족인 것으로 판단된다.

정부가 규제 완화를 하고 임대사업자제도를 부활하면 잠시 반등할 수는 있다고 본다. 역대 정부를 보면 서민을 위하는 비중이 조금 높았던 정부도 있지만 기득권을 위하는 비중이 높았던 정부도 많다. 현 정부도 규제 완화를 이미 많이 던졌지만, 2024년 총선이라는 정치적 부담 때문에 무작위적인 대책을 더 시행하는 것은 자칫 정치적으로 부담이 될 수 있다.

집값이 반등하면 무주택자들은 또 불안해질 것이다. 살까 말까 하다가 버티면서 지금까지 왔으니 불안할 수도 있다. 주식 시장이든 부동산 시장이든 원자재 시장이든 하락 추세가 형성되면 중간에 잠시 반등하는 때가 오지만 다시 재하락하게 된다. 이를 '데드 캣 바운스Dead cat bounce'라 한다.

그러나 하락세를 막을 수는 없다. 금리와 환율 그리고

경제 상황을 조금만 보면 그게 정상적인 반등이 아니라는 걸 판단할 수 있다. 정부가 규제 완화를 하고 LTV(주택담보대출비율)도 완화하지만, 이것이 제한적이고 큰 의미가 없다는 것을 알고 있으면 자산을 지키는 데 도움이 될 것이다.

미국이 금리 인상을 멈추지 않고 있어 대한민국의 투자자나 투기자들이 쉽게 투자, 투기를 할 수 없는 환경이 지속되고 있다. 그렇기 때문에 지금 집값이 계속 내려가고 있는 것이다.

앞으로 3년 동안은 역전세난의 2024년까지의 지속과 미분양 증가, 본격적인 하락이 시작될 것이다. 2030세대, 더 나아가 40대 초반의 세대는 처음 겪어보는 상황일 것이다. 너무 조급해하지 말길 바란다. 어디가 바닥인지, 언제가 내가 사야 할 때인지, 그리고 살 때가 되면 대출제도 등을 어떻게 이용할 것인지 궁금할 것이다.

이런 점들을 종합해서 지금처럼 어려운 시기에 중산층의 자산을 지키는 일에 대해 알아보고자 한다. 무엇보다 금리와 환율을 꼭 알아야 현대 금융자본주의 시스템하에서 내 자산을 지킬 수 있다.

## 금리와 환율을 알면 경제가 보인다

미국의 물가 금리를 고찰하려면 금리와 환율 등 기본 경제지표를 알아보자. 이것만 정확하게 알아도 세계 경제 상황을 어느 정도는 알 수 있고, 그것이 우리나라 경제에 연결된다. 글로벌 시대에 금리를 알고 환율을 알면 경제의 50%는 아는 것이라고 해도 과언이 아니다.

이제부터 하나씩 자세하게 알아보고자 한다.

금리와 이자(이율) 그리고 기대수익률과 자본수익률은 광의적으로 같은 의미다. 금리라는 단어는 중세기부터 나왔다. 라틴어 interesse에 어원을 둔 영어 interest(관심, 흥미)와 rate(비율)의 합성어가 바로 interest rate(이율)다. 이것을 중국에서 받아들이면서 한자어로 번역해 금리金利라고 부르기 시작했다.

함무라비 법전에 대해 들어본 적 있을 것이다. 기원전 1750년경에 고대 바빌로니아에서 만들어진 법전으로, 돌기둥에 글씨들이 새겨져 있는 형태다. 이 법전에 지금 우리가 아는 많은 개념이 명확하게 정립되어 있다. 물가 금리에 대해 설명하고 채권자와 채무자를 구분했다. 그 당시에는 주로 곡식으로 이자와 수익률에 대한 개념을 정리해놓았다.

예를 들어 친구한테 만 원을 빌려주고 한 달 뒤에 이자 10%를 주기로 했다. 한 달 뒤에 그 이자를 받는다면 이윤이 나는 것이니 이것을 '이율'이라고도 한다.

그런데 빌려주는 개념이 아니라 친구가 하는 사업에 대가 투자를 했다고 가정해보자. 내가 지금 자본을 투입하면 한 달 후에 기회비용이 10% 붙어서 돌아온다. 그러면 이것은 '자본수익률'이라는 단어로 바뀐다. 또한 금리는 금융에 대한 이자로, '금융 이자'의 준말이다. 이처럼 개념은 같지만 대상이 바뀔 때 단어를 다르게 쓴다고 이해하면 된다.

그럼 물가와 금리의 관계를 알아보자. 금리가 오르면 비용이 많이 든다. 반면 금리가 낮으면 어떤 일이 벌어질까? 예를 들어 커피숍을 운영하면 수익률이 10% 정도 예상되고 은행 대출이자가 5%라고 하면 어떻겠는가? 은행에서 대출을 받아서 커피숍을 차리기 쉬워진다. 부동산 시장에서도 주택값이 10~20% 오르는데 은행 대출이자가 3%밖에 안 된다면? 집을 사기가 쉬워진다. 이처럼 금리가 낮으면 사람들이 돈을 많이 빌리고 소비도 많이 하게 된다.

시중에 돈이 많이 풀리면 물가가 오른다. 이걸 '유동성 공급', '재정 확충 정책'이라고 한다. 돈이 많이 풀리니 물가가 오른다. 그러면 인플레이션이 오고, 더 나아가면 하이퍼 인플레이션까지 온다. 그런 일이 벌어지면 나라가 망하는 걸 걱정해야 한다.

미국도 코로나 팬데믹 동안 경기를 살리기 위해 양적완화를 단행하면서 시중에 돈이 많이 풀리는 바람에 물가가 너무 올랐다. 물가를 잡기 위해 미 연준은 금리를 계속 올리고 있다. 미국에서는 그동안 14번 정도의 경기침체가 있었고, 1960년 이후에 7번의 큰 경기침체가 있었다. 그때마다 똑같이 물가가 올랐다.

물가가 오르면 노동자들은 생활이 힘들어지니 월급을 올려달라고 시위에 나선다. 그러면 기업이 갑자기 월급을 올리는데 물건을 팔아서 수익이 되는 건 즉각 되는 일이 아니니 고용을 줄이게 된다. 일자리가 줄어들고 물가는 더 오르는 악순환이 시작되는 것이다. 그래서 모든 정부가 물가만 오르면 매우 긴장할 수밖에 없다.

한 나라의 중앙은행의 가장 큰 목적은 물가를 안정시키는 것이고 이를 위해 모든 수단을 동원한다.

# 환율과 통화 가치

환율exchange rate이란 자국 통화와 외국 통화 간의 교환 비율을 의미하며, 두 나라 통화의 상대적 가치를 말한다. 환율이 1달러당 1,000원으로 교환되다가 1,300원으로 환율이 상승(평가 절하)하면 수입하던 식량의 수입 가격이 1,000원이었던 것이 1,300원으로 높아지게 되므로 우리 돈의 가치가 낮아지면서 물가가 상승하게 된다. 평가 절하는 환율 상승, 즉 자국 통화의 가치 하락을 의미하고 평가절상appreciation은 환율 하락과 자국 통화의 가치 상승을 의미한다.

이러한 환율의 변동은 상대국 간의 금리 수준과 경제 상황 구매력 변화 등으로 발생한다. 예를 들어 무역적자가 계속되거나 금리가 상대국에 비해 낮으면 그 나라의 경제에 대한 평가 변화로 그 나라 환율은 상승(평가 절하-가치 하락)하게 된다. 그로 인해 우리나라 같은 경우 일부 수출업종에는 도움이 되나 수입품목이 많은 제3가공무역을 하는 경우에는 도리어 부정적이다.

만일 미국이 금리가 계속 우리보다 높은 상태로 유지되면 당연히 금리가 높은 미국으로 자금을 이동하게 된다. 이는 외화자본유출로 인해 환율상승요인이 된다. 또한 한국은 제3가공무역업종이 많아져 환율 상승은 무역적자가 확대되는 양상과 함께 국내 물가 상승 요인이 되어 국가경제에 부정적이다. 이런 경우 경제침체에 대한 우려가 생기면서 부동산에 대한 자산가치도 하락하게 된다.

2020년부터 2021년 대부분의 경제학자들이 1달러당 1,150원의 환율이 한국 경제의 최대 적정 환율수준이라고 얘기해왔다. 김진태 강원도지사의 레고랜드 사태로 인해 한국 금융 시장이 경색되면서 1달러당 환율이 1,400을 훌쩍 넘어섰고, 금융위기에 대한 불안감이 극대화되기도 했다. 다행히 정부의 적극적인 금융시장 개입으로 한숨을 돌리고 1,200원대로 안정세를 찾아가는 듯했다. 그러나 외환시장이 2월 한국은행의 금리동결과 12개월째 무역적자가 이어지면서 환율이 다시 1,300을 넘어서면서 환율변동성이 높아지고 있다. 이에 대해 국내는 물론 해외에서 안팎으로 외국자본 유출에 대한 우려가 종종 보도되고 있다.

여기에다 미국의 물가가 잡히지 않고 있어 당분간 미국이 금리를 인상할 가능성이 크다. 채권 시장 금리가 상승하는 등 한국경제 체력에 대한 불안감이 대두되고 있다.

**환율추이와 경제위기**

(단위: 원/1$)

1,394.97

1,276.35

1,430.00

글로벌 금융위기

IMF 외환위기

1990년 1994년 1998년 2002년 2006년 2010년 2014년 2018년 2022년

환율이 1,400원을 넘게 되면 국내 금융 시장은 물론 경제 전반에 걸쳐 엄천남 리스크가 발생할 수도 있어, 환율 시장에 대해 관심을 가지고 대응해야 한다.

위 그림에서 보듯, 환율이 과도하게 상승하는 시기와 경제침체가 함께 진행되었다는 점은 시사하는 바가 크다. 결국 환율 상승은 다음 프로세스로 이어질 수 있다는 점에 대비해야 한다.

**환율 상승** → 수입 원자재값의 상승 → 국내 상품 가격 인상 → 물가 상승 → 금리 인상 → 경제리스크 증가 → 자산가치 하락

# 미국 물가와 금리를 분석하는 법

이제부터 미국 물가와 금리를 고찰하는 법을 설명하겠다. 경제통계나 기사에서 'FRED(프레드)'라는 용어를 보았을 것이다. FRED는 세인트루이스 연방준비은행Federal Reserve Bank of St. Louis을 뜻한다. 미국에는 12개 연방준비은행이 있는데 그중 세인트루이스 은행에서 미국의 경제 시스템이 완벽하게 되기 전부터 데이터를 모아왔다. 수십만 개의 국가, 국제, 공공 및 민간 소스의 경제 데이터 시계열로 구성된 온라인 DB를 마련해놓았다.

FRED 웹사이트의 첫 메인화면에 평소엔 많이 듣던 단어들이 나온다. CPI, GDP, 인플레이션inflation, 실업률unemployment이 등이다.

이것들을 클릭해서 보면 경제 공부에 도움이 된다. 예를 들어 1년 동안 미국 물가가 어떻게 됐는지, 금리는 어떻게 움직였는지, 고용률이 어떤지 볼 수 있다. 10년간의 변화도 볼 수 있다. 미국 경제가 지난 10년 동안 어땠지 흐름을 한눈에 볼 수 있다. 물론 지표가 생성된 몇십 년 전의 데이터도 확인할 수 있다. 더 중요한 점은 해외 국가들의 경제 관련 정보도 대부분 접할 수 있다는 것이다.

물가를 알고 싶으면 CPI(소비자물가지수)를 클릭하면 된다. 여기서도 CPI가 맨 앞에 있다는 건 그만큼 물가가 경제에서 중요하다는 방증이다. 따라서 물가에 대한 개념을 확실히 해두는 것이 금리와 함께 경제를 파악하는 근본적인 해법이란 사실을 인지하는 것이 좋다. 물가가 언제 오르는지 알고 있어야 한다. 물론 공급망이 망가져서, 러시아·우크라이나 사태처럼 순간적으로 공급하던 게 없어져서 물가가 오르는 경우도 있다. 그러나 전반적으로는 통화완화정책과와 통화긴축 정책 사이에서 왔다 갔다 하면서 물가가 상승과 하락 그리고 유지의 사이클을 반복

미국 중위수 소비자물가지수

자료: FRED

하는 것이다. 물론 재정 정책도 중요하다.

CPI를 클릭해서 들어가보면 메뉴가 쭉 나오는데 그중에서 Median Consumer Price Index(중위수 소비자물가지수)를 볼 수 있다.

여기서는 2013년부터 한 10년간 물가의 흐름을 볼 수 있는데 최근 2022년 시기를 보면 물가가 급격하게 오르고 있는 것을 확인할 수 있다. 회색 막대 부분은 경기침체 시기를 뜻하는 것으로, 금리와 함께 교차분석을 하면 경제 사이클을 더 합리적으로 파악하여 예측해볼 수 있다.

미국에는 '연방준비제도이사회'라는 제도가 있다. 미국은 52개 주에 연방준비은행을 12개의 범주로 나눠놓았고 12명의 연방준비은행장이 있다. 연방준비제도이사회는 7인으로 구성되어 있으며 이들을 대표하는 게 제롬 파월 연준 의장이다.

금리를 결정할 때 연방준비은행장 12명 중 정해진 임기에 맞추어 돌아가면서 5명이 연방준비제도 이사회에 참석한다. 이사회 7인과 연방준비은행장 5인이 금리를 결정하는 의결권을 가진 멤버이고, 회의 때는 나머지 연방준비은행장 7명도 참가하여 의견을 제시한다. 그러니까 총 19명이 참가하여 1박 2일 동안 난상토론을 한 뒤 토론이 끝나면 이들이 자기 의사를 표현한 것을 표로 나타낸 것이 점도표dot pilot다.

이 표를 보면 점의 개수와 흐름이 나온다. 아쉬운 것은 누가 이 점을 표시했는지 이름까지는 안 밝힌다는 것이다. 그래도 금리 수준이 나오고, 아래에 연도가 나와서 앞으로 금리의 향방을 예측할 수 있다. 미국에서 금융정책의 금리에 대한 의사결정권을 가진 사람들이 지금 이런

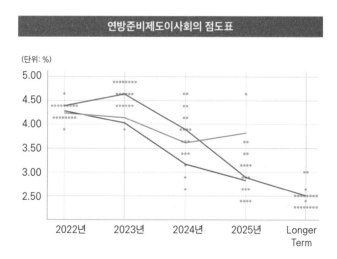

**연방준비제도이사회의 점도표**

(단위: %)

자료: FRED

방향으로 가고 있다는 것을 확인할 수 있다. 물론 이것도 경제 상황에 따라 수시로 변동할 수 있지만 방향성은 확인할 수 있다.

미국이 금리를 올리는 흐름이라면 우리나라도 금리를 올릴 것이다. 우리가 금리를 올리는 이유는 무엇인가? 만약 여러분이 일자리를 찾는데, 안전 설비가 잘되어 있는 곳과 그렇지 못한 곳이 있다면, 그런데 월급은 동일하다면 어디서 일하겠는가? 당연히 전자를 택할 것이다.

투자를 할 때도 마찬가지다. 미국이란 나라가 더 안전한가, 한국이 안전한가? 우리나라는 엄밀히 말해 북한과의 전쟁 위험이 존재하는 나라다. 지정학적 위험이 있는 것이다. 그러니 우리나라 금리가 더 높아야 우리나라에 투자를 할 것이다. 하물며 더 안전한 미국이 금리를 높이는데 위험도가 높은 우리나라에서 금리를 높이지 않으면 어떻게 되겠는가?

그동안 지정학적 위험에 대한 금리 갭을 1~2%로 보아 왔다. 대한민국과 미국의 국가적 위상을 고려할 때 한국이 미국 금리보다 1~2%가 높아야 제3의 해외투자자들이 동등한 투자환경이라고 판단하는 것이다.

그런데 지금은 누가 봐도 우리나라의 금리와 미국의 금

리 갭이 불균형하다. 물론 한국의 국가경쟁력이 높아지고 국가 위상도 많이 올라서 예전의 지정학적 금리 갭이 많이 좁혀진 것도 사실이다.

외환위기 이후 모두 3차례의 한·미 금리 역전이 있었는데 1999년 6월~2001년 3월, 2005년 8월~2007년 9월, 2018년 3월~2020년 2월이다.

그리고 이번이 4번째인데 이번에는 예전과 다른 상황이다. 예전에는 우리가 경제성장률이 좋고 경제 펀더멘털도 좋았기 때문에 환율변동성과 외국자본의 유출이 심하지 않았지만 12개월째 무역적자이고 미국보다 경제상황이 좋지 않고 가계부채문제 등 악재가 많아 리스크가 많은 상태이다. 이러한 때는 경제 리스크 요인들에 대해서 미래에 대한 중장기적 시나리오를 여러 각도로 대비를 하여야 한다.

2023년을 예측해보자. 여러분이 자산을 지키고 안전하게 증식시키기 위해서는 금리에 대한 예측은 필수적이다. 2023년에 금리가 또 올라가고 있다. 2023년 1월 미국 CPI가 6%를 넘어, 고물가를 막기 위한 연준의 금리 인상 시나리오는 현재진행형이다.

어디까지 언제까지 금리를 인상할 것인가? 1~3년 뒤에 이러한 금리 수준에서 어떻게 자산관리를 해나가는 것이 효율적인가? 이에 예측하고 대비할 필요가 있다. 미국의 물가가 안 잡히면 2023년 내에 금리가 5~5.5%까지 갈 수 있다.

중앙은행의 첫 번째 목표는 물가안정, 두 번째 목표는 금융안정이라고 했다. 물론 요즘은 고용안정도 중앙은행의 운영 목적에 산입하려는 시도가 있다.

물가가 오르면 금리가 오르고 이는 경제 전반에 영향을 미쳐 실업 증가를 수반하게 된다. 물가 상승이 위험한 수준까지 방치하게 되면, 그 이후에는 정책수행의 효율성이 떨어진다. 중앙은행 정책이 시장에 통하지 않고 더 위험해질 수도 있다.

미국은 다행히 강달러 정책과 이를 통한 경제 호황기를 맞아서 이렇게 단기간에 금리를 급하게 올리는데도 끄떡 없어 보인다. 기축통화국의 강점이다.

이렇게 금리를 올리고 나면 실물 경제는 6개월에서 1년 뒤에 고용지표의 변화와 함께 경제 둔화내지 침체의 결과로 이어지는 경우가 대부분이다.

한 가지 기억해둬야 할 것이 있다. 파월 의장은 목표 물가상승률이 2%라고 했는데, 그 수치에 도달하면 바로 금리를 내릴까? 물가 목표에 도달할 수는 있는지 의구심이 드는 상황이다. 그리고 파월 의장은 여러 번 데이터에 따라 금리 정책을 이어갈 것임을 표명했다. 그런데 2023년 1월 미국 CPI(소비자물가지수)가 6.4를 나타내더니 2월 24일 발표된 1월 PCE(소비자지출가격지수)가 예상치를 상회하는 4.7%를 기록해 3월 FOMC 회의 시 금리 인상이 확실시된다. 잡히는 듯하던 물가가 다시 상승을 하고 있다.

물가가 안 잡히면 연방준비제도이사회도 금리를 다시 올릴 수밖에 없다. 이처럼 물가와 금리가 정말 중요하다는 걸 다시 한번 강조하고 싶다.

## PCE를 알면 금리 인상 여부 예측이 가능하다

2023년 1월 물가가 전년동기대비 5.2% 상승했다. 물가 상승이 가파른데 이를 방치하면 하이퍼인플레이션이 발생하고 경제위기가 오게 된다. 물가가 안정되려면 소비자가 지출을 줄여야 한다.

이를 위해 각국중앙은행은 고물가 상승 압력을 진정

시키기 위해 금리 인상 정책을 펼치게 된다. 반대로 경제가 불황일 때는 금리 인하 정책을 통해 유동성을 증가시켜 소비를 촉진한다. 결국 금리 인상과 인하는 물가의 상황에 연동하여 진행된다. 따라서 물가지수의 변동에 대해 알면 향후 금리 인상과 인하에 대한 예측이 가능하다는 결론에 이른다.

한국은 수출형 국가이므로 금리 수준은 국내 경기는 물론 해외 경제, 특히 미국의 금리 수준과 연동하게 된다. 미국 금리가 높아지면 한국의 금리도 높아지게 되므로 미국의 금리 수준을 결정하는 물가 변화를 관찰해야 한다.

미국의 물가 수준은 CPI(소비자물가지수)와 최근 PCE(개인소비지출 물가지수)라는 두 지표를 가지고 판단한다. 최근 파월 미 연준의장은 "대중 시선의 중요도를 고려해 CPI를 주시하지만 우리는 PCE를 목표로 한다(we do target PCE)는 점을 기억해야 한다"라고 강조하면서 "(PCE가) 더 나은 지표라고 생각한다"라고 언급했다.

CPI와 PCE의 차이점에 대한 오른쪽의 그림을 보면 왜 PCE를 중시하는지 이해가 된다. 앞으로는 CPI와 PCE를 같이 관찰하면서 미국의 금리인상 인하여부를 예측하는 것이 좋다.

| CPI와 PCE 비교 | | |
|---|---|---|
| 구분 | CPI: 소비자물가지수 (Consumer Price Index) | PCE: 개인소비지출 물가지수 (Personal Consumption Expenditure) |
| 발표기관 | 미국 노동통계국(BLS=Bureau of Labor Statistics-독립적기관) | 미국 상무부 산하 경제분석국 |
| 발표시기 | 매월 11~13일 경 | 매월 마지막 주 금요일 |
| 조사 적용 대상 | 도시 지역 거주자, 근로자 대상 | 포관적 개인: 도시, 지방 소비자, 비영리단체 등 |
| 조사 적용 범위 | 소비자가 직접 지출한 것 | 소비자 직접지출+간접지출-고용주 지출(의료비 등) |
| 조사 품목 조정 | 매 2년마다 품목비중조정 | 매분기마다 소비성향 반영하여 조정 |
| 조사방법 | 소비자 설문조사 | 기관 설문조사 주 |
| 품목별 가중치 | 주택: 42.1% 교통비 15.7% | 상품서비스 23.1% 주택 22.6% 교통비 9.8 |
| 두 지수의 차별점 | 식품, 주거비, 교통비(원유)에 편중 | 실제 물가전체 변동과 유사한 지수 |
| 산출 방식 | 라스페이레스식 방식: 측정대상 소비품목(바스켓)이 과거 기준 연도에 고정-소비 패턴 변화 즉각 반영 못해 생계비 부담 효과가 과대 계상 경향 | "PCE는 '피셔 방식(과거 기준 연도 품목 물가와 당해 연도 품목 물가의 평균)'을 사용해 가격 변동에 따라 달라지는 소비량 변화를 빠르게 추적" |

두 지표의 가장 큰 차이점은 조사대상과 조사품목, 지수산출 방식이다. PCE 지표가 조사대상, 품목등에 대한 실제 물가의 변동을 측정하는 데 더 정확하다고 볼 수 있다. 이러한 점을 볼 때 미국의 금리 인상에서 PCE의 중요도가 높다는 것을 알 수 있다. 2023년 2월 24일 마지막

주 금요일 PCE 지수가 급등하면서 미국의 금리 인상이 임박했음을 예측할수 있는 것이다. 베이비 스텝이든 빅스텝이든 금리 인상은 확실하다고 보면 된다.(이 지표는 미 상무부 경제분석국에서 확인할 수 있다.)

# 02
# 무주택자, 1주택자, 다주택자의 생존법은 180도 다르다

## 무주택자라면 청약에 참여하라

무주택자, 1주택자, 다주택자의 입장에서 자산을 지키는 법이 달라질 것이다.

먼저 무주택자 입장에서 시장을 판단해보자. 무주택자는 현재의 부동산 하락 조정기 진입이 장기적으로 진행되고 가격은 빠른 시간에 4~5년 전 가격으로 돌아가기를 원할 것이다. 동시에 본인 거주 지역의 주택 가격이 폭락하기를 원할 것이다.

정부에서 전방위적 규제 완화를 하고 특례보금자리론까지 투입하면서 시장이 반등하고 거래량이 늘 것이라는 기사가 보이기 시작하니까 좀 불안할 것이다. 그러나 하락세의 큰 흐름은 막을 수 없을 것으로 보이므로 긴 호흡으로 시장에 대처하는 것이 필요한 시기다.

어딘가에서 분양하는 아파트가 있으면 무주택자들은 청약을 해야 할지, 말아야 할지 고민이 될 것이다. 어떻게 판단해야 할까? 지금 많이 떨어진 지역도 있고 덜 떨어진 지역도 있다. 먼저 최고점 대비 40~50% 하락이 가능한 시장 상황임을 기준으로 잡고 본인 지역의 주택 가격이 2016~2017년 가격 대비 2.5~3배 정도 상승했는지를 확인하길 바란다.

만일 3배 이상, 즉 3억인 주택이 9억이 되었다면 50% 하락 시 4억 5천만 원이 되었을 것이다. 이럴 경우 신축을 분양하는 게 5~10% 비싸다면 주택 구매에 접근해도 될 것이다. 값이 더 내려가도 물가상승분을 감안하면 4억 원 선에서 저항선이 형성될 가능성이 크다.

만약 20~30% 정도 하락한 지역이라면 추가로 15~20% 하락할 가능성이 있으므로 충분히 기다렸다가 접근하는 것이 좋다. 신규 분양이 현재 시세보다 비싸다면 분양받을 효용성이 적다고 본다. 이런 경우 추후 조정 후 접근하는 게 더 현명할 것이다.

여전히 하락 폭이 충분하지 않다는 걸 판단하기 위해서는 발품을 좀 들여야 한다. 예를 들어 주위 시세가 10억 원인데 분양을 9억 8천만 원에 한다고 해보자. 그런데 우리 동네는 집값이 아직 안 떨어져서 앞으로 8억~7억 5천이 될 것이라고 예측된다면, 충분히 기다린 후에 시장에 접근하는 것도 괜찮다.

집값이 앞으로 더 떨어질지 아니면 다시 반등할지에 대해 좀 더 알려면 공인중개사를 잘 활용하면 좋다.

공인중개사는 집 계약이라는 과정을 통해서 매도자와 매수자를 연결해주고 수익을 창출한다. 그럼 이런 상황에서는 공인중개사가 집주인을 위해 업무를 진행할까, 아니면 매수자를 위해 일할까? 매도자가 많다면 당연히 매수자를 위해 업무를 진행할 것이다. 반면 집을 사려는 사람이 많으면 상황이 달라진다. 매도자는 두 명인데 매수자가 열 명이라면 그때는 당연히 매도자를 위해 일한다. 이처럼 공인중개사들의 매수고객을 대하는 모습에서 어느 정도 해답을 찾을 수 있다.

공인중개소를 몇 군데 가보면 시장 상황을 대충 알 수

있다. 특히 청약을 두고 고민이 된다면 공인중개소를 최소 세 군데에서 다섯 군데 정도 찾아가서 편하게 물어보길 바란다. 좋은 공인중개사를 만나게 되면 정확한 시장 정보를 받을 수 있고, 최적의 관계를 유지하면서 좋은 결과를 맺을 확률이 높아진다. 부동산 시장의 현장 전문가인 공인중개사들의 이야기를 참고해서 판단하면 크게 무리가 없을 것이다.

또한 무주택자라면 사전 청약은 관심을 가지고 적극적으로 대처하는 것이 기존 주택의 가격 조정 폭과 신규 분양 대상의 가격 비교를 철저히 한 후 임하는 것이 좋다. 지역의 기존주택의 매물이 많고 입주물량도 많다면 충분히 시장 상황을 지켜본 후 청약에 임하는 것이 합리적이다.

무주택자가 시장에 어떻게 대응하면 좋을지에 대해 좀 더 자세히 알아보겠다.

첫 번째는 청약 대응이다. 비규제 지역에는 재당첨 제한이 없다는 점을 활용해야 한다. 현 정부가 강남 3구와 용산구를 제외하고 전국 전 지역을 규제에서 해제했기 때문에 재당첨 제한 규정이 적용되지 않는다. 분양 가격이 적정하다고 판단되면 우선 청약을 신청하고 당첨된 후에 고

민해도 된다. 만약 당첨이 되었는데 마음에 들지 않는 동호수라면 청약 당첨을 포기해도 불이익이 없는 점을 활용하면 된다.

두 번째는 청약할 대상의 분양가 적정 여부를 판단하는 것이다. 청약 대상 단지의 분양 가격과 인근 시세를 고정값으로 놓고, 입주 시기에 주위 시세가 10% 하락할 경우와 20% 하락할 경우 그리고 30% 하락할 경우로 나눈 다음, 현재 청약 대상 분양 가격과 비교해보자. 하락 시 현 분양 가격과 비슷할지, 아니면 더 높거나 낮을지 예측 비교해본다.

또한 신축이라는 유리한 요인과 입지 측면에서의 가중치를 추정해서 가격에 반영해보자. 그러면 본인이 원하는 목표대의 분양가가 나올 것이다.

그런 다음에는 당첨 후 입주 시까지의 자금 마련 계획과 입주 후 대출을 받을 경우 본인 소득 대비 부담 가능한 원리금 상환 범위를 계산해보자. 원리금 상환금액이 DSR 기준 30~35%가 적정하다. 역계산을 통해 적정 주택 가격 수준을 목표로 정한다.

물론 2023년 1월 30일부터 시행된 특례보금자리론을 활용하는 것이 좋다. 현재 금리 수준이 낮은 것은 아니지만 향후 금리 인하 시 대출을 변경할 시 중도금 상환수수료를 면제한다는 조항은 무주택자에게 도움이 된다.

앞서 말했듯 금리와 물가를 보고 경제 뉴스도 보면서 예측하는 게 가장 중요하다. 만약 본인이 생각한 지역의 기존 주택 가격이 추가로 하락할 가능성이 너무 커 보인다면 다음 기회를 노리는 게 낫다. 그리고 절대 무리하지 마길 바란다.

분양에 당첨되었다면, 자금 계획을 잘 잡아야 한다. 불황이 일본처럼 장기화될 가능성도 간과해서는 안 된다. 나는 이 가능성을 30~40%로 보고 있는데, 이 경우에는 특례보금자리론이 아닌 경우 무리해서 대출을 받으면 정말 큰일이 나기 때문에 리스크에 대비해야 할 것이다.

세 번째는 경매를 통한 매매다. 요즘 경매로 나오는 물량이 많다. 그러나 경매는 공부해서 직접 하기에 시간이 많이 걸린다. 그리고 권리분석이라는 과정을 알아야 경매에 접근할 수 있는데, 일반인들이 권리분석을 완전히 습득하고 경매에 수반된 집행 문제 등을 진행하기에는 많은 시간과 정성이 들기 때문에 다른 방법을 활용하기를 권유한다. 지역에서 10년 이상 활동하고 경매대리인 자격증을 가진 공인중개사들을 활용해 경매에 진입하는 방법이 안전한 편이다.

또한 보류분 분양이라는 게 있다. 조합에서는 만일의 사태에 대비해 단지 규모 대비 어느 정도의 아파트 물량을 보류하고 있다. 조합에서는 분양이 마무리되고 입주가 끝나면, 보류분이 계속 남아 있을 경우 외부에 분양을 하게 된다.

이 경우 입주 전 분양 당시의 분양가로 외부에 공개하므로 주택 가격 하락기에는 주위 시세를 비교한 후 접근하고, 상승기라면 분양에 적극적으로 임하는 것이 좋다. 계속 관심을 가지고 사업 완료 전부터 조합에 연락하여 향후 일정을 알고 준비하면 좋은 기회가 될 것이다.

## 1주택자, 다주택자는
## 상황을 냉정히 판단하자

1주택자의 경우에는 대응 방식이 좀 다르다. 특히 '영끌' 해서 집을 샀다면 잘 판단해야 한다. 앞으로 가격이 계속 내려가고 금리 인상이 계속되는데 내가 3년 동안 버틸 수 있는지 생각해보길 바란다. 2023년 상반기에 금리 인상이 멈추면 반등한다는 이야기를 믿고 2023년까지 버티려고 사채까지 끌어 쓰는 사람도 봤다. 절대 무리하게 부채과다를 유지하는 것은 위험하니 냉정하게 판단해야 한다.

만약 1주택자인데 다른 주택으로 갈아타고 싶거나 한 채 더 매수하고 싶다면 추첨제를 노려야 한다. 분양을 무주택자만 받는다고 생각하지 말길 바란다. 1주택자라고 해서 집을 팔고 무주택자가 되어서 청약을 해야 하는 게 아니다. 85제곱미터 이상인 경우에는 추첨제가 많다.

1주택자의 경우 2023년부터 진행될 3기 신도시 민간분양분에 대한 청약 추첨제에서 당첨을 기대할 수 있다. 지구별 전체 물량 중 공공분양은 15~25%, 민간분양은 40%가량이다.

2023년 3월부터 민간분양 청약공급방식에 추첨제가 부활해 저가점자나 유주택자도 아파트 청약에 당첨될 수 있다. 강남3구와 용산구를 제외한 지역에서 전용 $85m^2$ 이하 중소형 아파트의 경우 가점제 40%, 추첨제 60%를 적용한다.

추첨제 물량은 저가점자는 물론 유주택자도 당첨될 수 있다. 그러나 무주택자의 내 집 마련 기회 보장을 위해 추첨제 물량의 75%는 무주택자에게 우선 공급하고 나머지 25%는 우선 공급에서 탈락한 무주택자와 유주택자가 경합하는 방식이다. 전용 $85m^2$ 초과 중대형은 100% 추첨제이고 75%는 무주택자에게 우선 공급하는 방식이다. 바뀐 청약제도를 잘 활용해야 한다. 그러므로 적정 분양가일 경우 적극적으로 참여하는 것이 좋겠다. 다만 소득 대비 부담과 향후 주택 가격 전망을 충분히 한 뒤에 대응하길 바란다.

다주택자라면 스스로 알 것이다. 월세를 준 사람들은 전혀 문제가 없을 테지만 전세를 준 사람들은 역전세가 벌어지고 있는 현재 상황을 고려해야 한다. 역전세 현상이 2024년 상반기까지는 계속될 것으로 보인다. 대출이 많은 경우 이에 대비해야 한다. 과도한 욕심을 가지고 무리하게 버티다 어려움에 처할 수 있기 때문이다.

문제는 여기서 끝이 아니라는 것이다. 2년 뒤에 주택 가격이 어떻게 될지 모르지 않은가. 리스크가 존재한다. 그러므로 다주택자들은 자기 실정에 맞춰 매도를 고려해야 한다. 한두 채를 팔면 유동성이 생긴다. 욕심내지 말고 자신이 부담 가능한 선에서 관리하길 바란다.

일시적 2주택자라면 일시 상생임대인 제도를 활용할

수 있을 것이다. 단 레버리지를 과다하게 둔 경우 하락 기간별, 하락 폭에 따른 상황을 분석한 후 철저한 대비가 필요하다.

# 03
# 정부의 연착륙 정책과 활성화 정책 톺아보기

## 정책의 실현가능성을 살펴라

정부의 부동산 정책 영향 선거 공약을 정리해보았다. 만약 재건축에 투자하려는 계획이 있다면 다음 표를 잘 봐야 한다. 표를 보면 우측에 '법 개정'이라고 쓰여 있는 걸 볼 수 있다. 법은 국회에서 만든다. 그런데 여당과 야당이 반목하고 있는 상황에서 법이 쉽게 바뀔 리가 없다. 그래서 법 개정이 필요한 항목은 안 될 가능성이 크다고 판단하면 된다.

| 정부 부동산 정책: 선거공약 | | |
|---|---|---|
| 구분 | 내용 | 실현방법 |
| 재건축 재개발 정비사업 규제 완화 | 분양가 상한제 | 개정가능(주정심) |
| | 재건축 초과이익 환수제 | 법 개정 |
| | 정밀 안전진단 30년 폐지 | 법 개정 |
| | 안전진단 구조안정성 축소 | 가능(기준 지침) |
| | 용적률 완화(특별건축구역-기시행) | 역세권 고밀개발 가능(국토부) 최대 120%, 용도지역 상항 |
| 세제완화 | 공정시장가액 비율 | 가능(령, 규칙) |
| | 양도세 종부세 재산세 세율 인하 | 법 개정 |
| | 재산세 감면 | 지자체 조례 가능/재정자립도 서울 강남구 70% 10개구 30% 미만 / 재정 부담 |
| 대출 규제 완화 | 생애최초LTV 80% 무주택자 70% | 가능 |
| | DSR(총부채 원리금 상환비율) | 어려움 바젤 III IFRS 신용 리스크 부동산담보 익스포저 |
| 임대차3법 | 계약갱신권 | 법 개정 |
| | 전월세 상한제 | 법 개정 |
| 1기신도시 특별법 | 1기신도시 재정비촉진 특별법 → 용적율 확대를 통한 10만 가구 공급 | 법령제정 필요-추진 난제 많음 형평성-문제 국가재원 투입문제 등 |

| 정부 부동산 정책: 8.16 대책 | | |
|---|---|---|
| 시기 | 내용 | 법개정 및 세부사항 |
| 2022년 8월 | 층간소음 저감·개선대책 | – |
| 2022년 9월 | 재건축 부담금 감면대책 종합대책 | 9월 내 세부 감면(안)을 발표 |
| 2022년 9월 | 청년원가 주택 등 사전청약 | 9월 「청년주거지원종합대책」 |
| 2022년 9~10월 | 민간 분양 신 모델 택지공모 → 10년 임대주택 – 뉴스테이 변형 | 「민간임대특별법」 개정, 2022년 하반기 리츠가 공급주체 |
| 2022년 10월 이후 | 추가 신규택지 발표 | 10월부터 순차 발표 |
| 2022년 12월 | 민간도심복합 사업 공모 신탁사·리츠 등 민간 전문 기관 | 「도심복합개발법」 제정, 2022. 12 2023년 상반기 중 공모에 착수 |
| 2024년 중 | 1기 신도시 마스터 플랜 | 연구용역을 거쳐 도시 재창조 수준의 재정비 마스터플랜을 2024년 중 수립할 예정 |

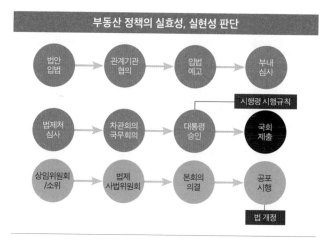

217페이지 하단 표처럼 시행령과 시행규칙에 해당하는 정책은 바로 시행이 가능하다. 정부가 국무회의만 거치면 시행할 수 있기 때문이다. 그러나 법 개정사항은 국회의 결을 거쳐야 하므로 성급하게 판단하고 시장에 접근하는 것은 합리적이지 못하다. 제1기 신도시 특별법도 마찬가지다. 법이 통과가 돼야 하므로 섣불리 장밋빛 미래를 꿈꾸지는 말아야 할 것이다. 개인적으로 제1기 신도시 계획은 부정적으로 보고 있다. 집 10만 채를 늘리려고 기존의 집을 다 부수는 건 좋지 않다고 생각한다.

영국의 도시계획가로 20세기 도시계획 사상의 지평을 연 에비네저 하워드라는 사람이 있다. 그는 전원도시 이론에서 도시도 교외지도 아닌 양쪽의 장점을 지닌 신도시를 구상했다. 쉽게 말해 전원 같기도 하고 도시 같기도 한 새로운 도시상을 그린 것이다.

또한 19세기 미국의 도시계획가인 클래런스 페리는 근린주구 이론을 제창했다. 초등학교를 중심으로 단위를 설정해서 인구와 면적, 공공시설의 규모를 결정해서, 그 안에서 생활의 편리와 안전을 누린다는 개념이다. 지금 우리가 말하는 '초품아', 즉 아파트 단지 안에 초등학교가 있는 게 이미 19세기 미국에서 이론으로 나온 것이다.

이처럼 전원도시 이론과 근린주구 이론은 현재의 도시와 단지 계획에 큰 영향을 미쳤다. 우리나라도 1기 신도시를 지을 때 그 이론을 적용한 것이다. 그러니 얼마나 잘 지었겠는가. 도로나 조경도 무척 잘되어 있다. 그런데 오래됐다고 부수고 다시 짓겠다고 한다. 콘크리트는 100년을 가는데도 우리나라처럼 자주 건물을 부수는 나라는 세계 어디에도 없다.

1기 신도시를 10만 호를 늘리느라고 용적률을 높인다면 사람이 더 늘어나니까 기반 시설, 즉 상하수도 시설이나 파출소, 소방서 등도 늘어나야 한다. 도시를 다 뒤집어엎는 것과 같다. 5개 신도시 중에서 일산과 분당은 용적률이 현재 평균 160~180%다. 250%를 해도 새로 짓는 데는 문제가 없다. 그런데 1기 신도시의 단점은 배관이 오래되어서 녹물이 나온다는 것이다. 그러면 건물만 고쳐도 충분하다.

그런데 용적율을 500%로 올리면 2기 신도시는 어떻게 하고 3기 신도시는 어떻게 하겠는가. 서울은 또 어떻게 하겠는가. 후세들한테 짐만 지워주는 꼴이다. 그래서 이 공약은 거둬들였으면 하는 게 내 개인적인 바람이다.

결론적으로 난제가 많다. 정치인들이 법과 시행령을 놓

| 정부 부동산 정책: 11.20 대책 1(1.3 대책) | | | |
|---|---|---|---|
| **주택공급기반 위축 방지** | | | |
| **금융 부문** | | | |
| • PF 대출 보증지원 확대<br>• 리츠 관련 부동산 지분 규제 완화 | 기금운용계획 변경, HUG·HF 내규 개정 부동산투자회사법 시행령 개정안 마련 | 2023년 2월 | 주택기금과 금융정책과 |
| | | 12월 | 부동산 산업 |
| **실물 부문** | | | |
| • 재건축 안전진단 개선방안 마련<br>• 공공택지 사전청약 의무 완화<br>• 등록임대사업제 개편방안 마련 | – | 12월 | 주택정비과 |
| | LH 공공택지 공급 조건 개정 | 11월 | 주택기금과 |
| | – | 12월 | 민간임대 정책과 |
| **실수요자 내 집 마련 애로 해소** | | | |
| 규제 정상화 | | | |
| • 서울 및 서울 연접 일부 제외한 규제지역 해제 | 주정심 심의·의결, 관보 게재 | 11월 | 국토부 주택 정책과 |
| • 발표된 LTV 규제 완화 방안 연내 시행 | 은행업 감독규정 개정 | 12월 1일 (잠정) | 금융위 금융정책과 |

고 오락가락하기 때문이다. 그러므로 정부 정책을 100% 믿으면 안 된다. 발표된 걸 믿고 무작정 투자하기보다는 이게 법을 바꿔야 하는 일인지 아닌지만 봐도 판단하는 데 도움이 될 것이다.

앞서 법과 시행령을 구분하라고 했다. 11.10 대책은 대

| 정부 부동산 정책: 11.20 대책 2(1.3 대책) | | | |
|---|---|---|---|
| **실생활 애로해소** | | | |
| • 무순위 청약거주지 요건 폐지 | 주택공급 규칙 개정 | 2023년 1월 | 국토부 주택기금과 |
| • 생애최초 주택구입자 취득세 감면 세제 지원 요건 완화 | 지특법 시행령 개정 | 2023년 초 | 행안부 지방세특례 제도과 |
| **실수요자 내 집 마련 애로 해소** | | | |
| **무주택 주거취약계층** | | | |
| • 서민·실수요자 LTV한도 상향(4→6억) | 은행업 감독규정 개정 | 12월 | |
| • 청년전세 보증한도 확대 (1→2억) | HF 내규개정 | 2023년 1월 | |
| **주택보유 서민·중산층** | | | |
| • 생활안정·임차보증금 반환 목적 주담대 규제완화 | 은행업 감독규정 개정 | 2023년 초 | 금융위 금융정책과 |
| • 임차보증금 반환 대출 보증 한도 확대(1→2억) | HF 내규개정, 전산개발 | 2023년 초 | |
| • 주담대 채무조정 대상 탄력적 산정 | 은행권 실무 TF 등 협의 프리워크아웃모범규준 개정 | 2023년 초 | |
| • 특례 보금자리론 출시 | 세부 개편방안 발표 | 2023년 초 | |

부분 시행령에 해당한다.

최근 발표한 1.3 대책은 대부분 규칙과 시행령에 해당하는 사항들이다. 11.10 대책의 대부분이 적용되었고 실거주 의무조항과 전매제한 완화가 추가되었다. 규제 완화 정책의 거의 끝판왕에 가까운 대책이 나왔다. 그 내용들이 투자라기보다는 투기에 적합한 내용들이 많아 저금리가 되면 투기광풍이 불수 있는 정책이다. 향후 시장에 반등 효과를 주기에 충분한 대책이다. 물론 정부가 시장에 부작용이 생길 경우 규제를 다시 한다고 했으니 지켜보자. 현재 미국의 고금리 정책으로 인해 당분간은 그 반등이 추세적으로 이어져 예전의 시세로 돌아갈 일은 기대할 수 없다. 도리어 일시적 반등으로 그 친 후 다시 재하락할 가능성이 크다.

현재 주택 가격은 실수요자들이 접근하기에는 여전히 높다는 사실과 고금리라는 환경 때문에 제한적인 투자수요 증가에 그칠 것으로 보인다.

## 대출 확대가 갭투자를 부추긴다

지금 문제는 금리가 너무 비싸다는 것이다. 사실 이럴 때 정부가 빚내서 집 사라고 권하면 안 된다.

전세 가격이 3억 원이라고 해보자. 그러면 집값이 보통 4~5억 원이 될 것이다. 그런데 정부가 금리 2%에 대출을

4억 5천만 원을 해준다고 한다. 4억 5천만 원 전세대출을 받아서 전세로 들어갈 수 있는 환경이 된다.

집주인 입장에서는 전세를 놓아서 4억 5천만 원을 받을 수 있다면 본인은 5천만 원만 투자해도 된다. 투자자 입장에서는 4억 5천만 원이 무이자 레버리지가 되니 갭투자자가 되는 것이다. 5천만 원을 투자했는데 집값이 5천만 원이 오르면 집값은 5억 원에서 5억 5천만 원이 됐지만 수익률은 100%에 이른다. 이처럼 전세 대출 확대가 갭투자, 갭투기를 양산하는 것이다.

2023년 2월 28일 주택도시보증공사HUG는 3월 2일부터 부부합산소득 1억원 초과 1주택자와 보유주택가격 9억원 초과 1주택자에 대해서도 전세대출보증을 허용한다고 밝혔다. 명분은 금리인상, 주택가격 하락으로 주거 부담이 늘면서 1주택자와 실수요자 주거 안정 지원을 위해 대상을 확대한다는 것이다.

실수요자를 위한다면 주택가격이 정상화되는 과정을 시장경제에 맞게 정부가 개입하지 않는 것이 올바른 정책 방향이다. 공공기관이 갭투자 갭투기를 부추기고 조장하고 국민의 세금으로 왜 갭투기를 방조하고 도와주는지 이해하기 힘들다. 주택시장 왜곡을 가져오는 정부의 행태는 도리어 실수요자 무주택자의 주거안정을 해치는 일이다.

"대출 없이 어떻게 집을 사?"라는 소리를 흔히 한다. 그런데 생각해보라. 대출이 다 없어지면 그만큼 집값이 내려오지 않겠는가. 전세대출만큼 집값에 거품이 꼈다는 생각은 하지 않는가. 지금도 가계부채가 심각한데 대출을 확대하는 건 분명 문제가 있는 것이다. 전세 대출이나 담보 대출이 절대 국민을 위한 게 아니라는 것을 알아야 한다.

최근 전세대출의 확대가 주택 가격에 왜곡된 상방 압력을 준다는 사실이 자주 보도되고 있다. 주택 시장의 왜곡을 가져오는 전세대출 확대에 대한 사회적 비판 여론이 증가하고 있다는 사실은 향후 시장에 변화를 줄 가능성이 있다는 점을 인식하고 시장에 대처해야 한다.

이것만 실행하면 위험은 줄이면서
부동산 투자에 성공할 수 있다.

# 4부

# 급락을 기회로, 반드시 성공하는 부동산 투자 법칙

THE CRASH

# 01
# 벌집순환모형에 주목하라

## 시장의 흐름을 파악하는 벌집순환모형

3부에서 설명했듯 금리와 환율, 물가 그리고 부동산 정책을 잘 알면 급락하든 급등하든 예측이 가능하고 자기 자산을 지킬 수 있다. 투자를 할 때는 무릎에 사서 어깨에 팔라는 말을 한다. 너무 욕심내지 말라는 뜻이다. 레버리지를 과도하게 사용하는 건 절대 안 된다. 이건 만고불변의 진리다.

위기危機는 위험危險과 기회幾回를 합친 말이라고 했다.

한자에서 '위태할 위危'는 다음 그림에서 나온 글자다. 사람이 절벽에서 떨어지는 것이다. 처지나 형편이 마음을 놓을 수 없을 정도로 안전하지 못한 상태가 바로 위기다. 그러나 위험이 지나고 나면 기회가 항상 존재한다.

이런 말이 있다. 욕래조자 선수목欲來鳥者 先樹木. 새를 바란다면 나무를 먼저 심어야 한다는 말이다. 나무가 없으면 나무를 먼저 심으면 새가 언젠가 오지 않겠는가. 마찬가지로 부동산 투자에 성공하고 싶다면 나무를 심어야 한다. 즉 준비를 해야 한다는 뜻이다.

그럼 어떤 준비를 해야 할까? 먼저 3부에서 강조한 내용을 떠올리자. 금리와 환율에 대해 반드시 공부하고 현대의 금융자본주의 시스템의 목적이 채무자를 늘리는 것이라는 사실을 알고 있어야 한다. 또한 부동산 정책의 시행 여부를 판단할 수 있어야 한다.

그다음으로 주택의 수요와 공급을 알아야 한다. 정부에서 발표하는 수요와 공급을 계산해보면 아파트는 보통 2년 6개월에서 3년 걸린다. 빌라나 도시형 생활주택은 빠르면 한 6개월 10개월, 늦으면 한 1년에서 1년 반이면 짓는다.

최근 인천 전 지역에 걸쳐 주택 가격이 폭락 수준이다. 송도는 거의 40~50% 하락했다. 왜 그런 일이 벌어졌을까? 입주물량이 많기 때문이다. 인천의 매년 적정 입주물량을 통상 1만 5천 호에서 2만 호로 보는데 2022~2023년에 8~9만 호 정도가 나올 예정이다. 6년 치 물량이 2년 만에 다 나오니까 집이 남아돌 수밖에 없다. 그래서 역전세가 엄청나게 나오기 시작한다. 집을 살 사람이 없으니 당연히 가격이 내려간다. 그래서 수요와 공급을 항상 체크하라는 것이다.

벌집순환모형이라는 것이 있다. 이 그림만 정확하게 알고 있으면 부동산 성공 투자가 어렵지 않다. 입주가 감소하면 물량이 없어지니까 분양 시장이 좋아질 것이다. 이 사이클이 7~10년 걸린다. 지금처럼 경제 리스크가 많을 때는 10년을 봐도 될 것이다.

10년이라는 가정하에 그림의 다섯 면으로 나누면 하나에 1.7년 정도가 된다. 그러면 시장 하방 기간은 최소 2~3년 될 거라는 추측이 가능하다. 그 후 횡보하다가 다시 살아날 때가 올 것이다. 이 그림에 따르면 5~6년 뒤부터는 시장이 다시 살아날 수 있다. 총 사이클을 7년으로 잡았을 때는 빠르면 1년씩 잡으면 3~4년 뒤에 상승세가

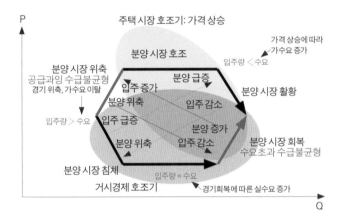

**벌집순환모형**

P

주택 시장 호조기: 가격 상승

분양 시장 호조

가격 상승에 따라 가수요 증가

입주량 < 수요

분양 시장 위축
공급과잉 수급불균형
경기 위축, 가수요 이탈

입주 증가

분양 급증

분양 시장 활황

분양 위축

입주 감소

입주량 > 수요

입주 급증

분양 증가

분양 위축

입주 감소

분양 시장 회복
수요초과 수급불균형

분양 시장 침체

입주량 = 수요

거시경제 호조기

경기회복에 따른 실수요 증가

Q

* 아파트 건설 기간 2년 6개월을 적용하면 전체 사이클은 최소 7년 반~10년 정도
자료: 건설산업전략연구소

올 수 있다.

이때 만일 상승장이 펼쳐진다면 추세적으로 예전 같은 상승장은 기대하기 힘들 것이다. 현재 주택 가격 수준이 온전하게 조정이 되었다면 가능하나 현 정부가 자연적인 조정장, 특히 시장이 정상 가격으로 회귀하는 것을 억지로 떠받치는 정책을 하고 있기 때문이다. 이미 영끌 시절 많은 미래 수요가 소진되었고 이제 남은 유효수요는 한정적일 수밖에 없다.

제3기 신도시에 공공택지를 분양한다. 인천 계양 신도시가 착공을 시작했다. 나중에 물량이 살아날 시점에 입주 감소가 아니라 물량이 또 나온다는 뜻이다. 그러면 가격이 또 내려갈 수가 있는 것이다. 그래서 이번 시장은 오래 갈 수도 있고 짧을 수도 있지만 오래 갈 가능성이 좀 더 크다고 본다. 그다음은 분양 시장이 회복될 것이다. 이 시기에는 시장에 접근해야 한다.

바닥을 잘 모를 때는 어떻게 해야 할까? 입주량과 분양 시장의 관계가 벌집순환모형에 잘 나타나 있다. 이 모형에 직접 몇 년 몇 월인지 표시하면서 이 순서대로 시장을 보면 된다.

## 물량과 가격의 관계를 파악하는 모형

다른 모형도 살펴보자. 다음 페이지에 나오는 그림은 토스 코스톨라니의 달걀 모형이고 그 오른쪽에 있는 그림은 디파스콸리와 위튼의 4사분면 모형이다.

코스톨라니의 달걀 모형에서는 화살표 방향으로 한 바퀴 돈다고 생각하면 된다. 지금 우리는 '금리 저점'에서 통

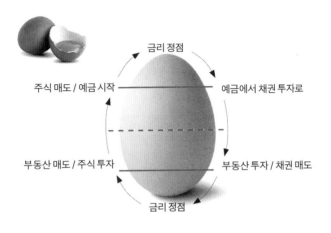

**코스톨라니의 달걀 모형**

금리 정점

주식 매도 / 예금 시작 ——— 예금에서 채권 투자로

부동산 매도 / 주식 투자 ——— 부동산 투자 / 채권 매도

금리 정점

과해서 '부동산 매도/주식투자' 쪽으로 가고 있다. 그러니 자산관리를 어떻게 할지 답은 나온다. 나는 2021년 가을부터 부동산을 팔라고 이야기해왔다.

벌집순환모형과 이 모형을 겹쳐서 보면 좀 더 명확해질 것이다. 이 달걀 모형은 원래 주식 시장에서 나온 모델인데, 부동산 시장이 주식 시장에 약간 후행하는 경향은 있지만 사이클은 똑같다.

기본적인 투자가 되는 상태에서 좀 더 업그레이드하고

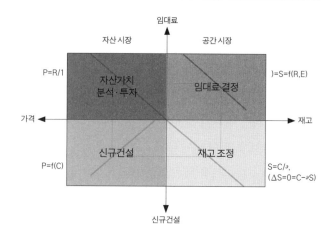

**4사분면 모형**

임대료

자산 시장　　　　　공간 시장

P=R/1　자산가치
　　　　분석·투자　　임대료결정　　)=S=f(R,E)

가격 ←　　　　　　　　　　　　　→ 재고

　　　　신규건설　　　재고 조정

P=f(C)　　　　　　　　　　　S=C/ə,
　　　　　　　　　　　　　　(△S=0=C-əS)

신규건설

싶다면 위의 4사분면 모형을 공부하면 된다. 이 모형은
조금 어렵기 때문에 다음과 같이 번역해보았다.

　먼저 오른쪽으로 갈수록 'Stock', 즉 물량이 늘어나고
왼쪽으로 갈수록 'Price', 즉 가격이 커진다. 임대물량이
많아 지면 임대료가 싸질 것이다. 그리고 물량이 적어지
면 가격이 오를 것이다. 물량과 가격이 만나는 점을 '공간
시장'이라고 부른다. 두 선을 연결하면 가격이 결정되는
것이다. 여기서 가격을 계산하는 공식이 p=r/i다. p는 가

격, r은 연 임대료, i는 기대수익률이다.

여기서 기대수익율이 5%인데 월세가 500만 원이라고 해보자. 그러면 가격이 12억 원 정도 나온다. 이것은 실제로 그 아파트나 주택의 현재 적정 시세다. 만일 시세가 16억이라면 부동산 가격이 하락한다고 판단할 수 있는 것이다. 가격이 올라가면 부동산 건설 업자들은 양을 늘릴 것이다. 이것에 따라서 주택 시장의 재고가 조정될 것이다. 물량이 많아지면 가격은 낮아지고 물량이 적어지면 가격은 오른다. 여기에 순환주기를 잘 적용하면 시장 예측이 가능하다.

## 02
# 지역별 전·월세 매매 타이밍과 리스크 관리

### 최저점을 찾아라

지역별로 매매하기에 적정한 시기와 리스크관리에 대해 알아보자. 당연히 최저점이 최고의 매수 시 적기다. 이걸 공부하면 저점에 매수할 수 있다.

'파레토의 법칙'이라는 게 있다. '8대 2의 법칙'이라고도 하는데 전체 결과의 80%가 전체 원인의 20%에서 일어나는 현상을 뜻한다. 이탈리아의 경제학자인 빌프레도 파레토가 땅을 봤더니 개미들이 줄지어 왔다 갔다 하는데 실제로 음식을 물고 가는 개미는 딱 20%라더라는 것이다.

이게 우리 사회의 여러 곳에서 통한다. 백화점 마케팅의 기본 원칙도 8대 2다. 20%의 VIP들이 80% 매출을 일으키고, 80%의 일반 고객이 20% 매출을 일으킨다는 것이다. 투자에서도 이 법칙은 통한다. 공부를 해서 앞서 정보를 얻는 사람은 20%에 불과하고 나머지 80%는 모두가 아는 상식이 된 다음에야 알아본다. 성공하는 20%가 되고 싶다면 준비를 해야 한다.

그럼 지역별 입주물량에 대한 정보는 어디서 얻을 수 있을까? '부동산 지인'이라는 앱에서 쉽게 볼 수 있다. 그리고 정부가 공급 계획을 발표하면 그냥 듣고 흘릴 게 아니라 국토부 사이트에 들어가서 그 파일을 보는 것이다.

그 파일은 몇십 페이지가 되는데 다 읽을 필요가 없다. 맨 뒤에 가면 요점 정리가 되어 있다. 어느 지역에 얼마나 공급하는지 표로 나와 있으니 그 표 하나만 인쇄해서 벽에 붙여놓으면 된다. 그 자료에는 향후 10년 동안의 계획이 나와 있기 때문에 대처하는 데 큰 도움이 된다. 동시에 앞서 설명한 금리, 환율 정책 등을 살피면 답이 나온다.

주택구입부담지수도 지역별로 데이터가 있다. 이걸 보

면 우리 지역의 주택 가격이 거품인지 아닌지 알 수 있다.

그리고 저금리 시기에는 고정금리를 활용하면 좋다. 주택을 매입할 때는 내가 부담 가능한 선에서 DSR과 DTI를 정해야 한다. 내 소득의 20~30%를 투입하고 주거의 쾌적함을 누리면 거주 가치와 투자 가치가 충분하다면 두려워할 필요가 없다. 주택담보대출이 30년 만기지만 변동사항이 생기면 집을 팔면 된다.

전세를 활용해서 내 집 마련을 할 수도 있다. 레버리지를 충분히 활용하는 것도 좋은 매입 방식이다. 그러나 갭투자의 개념으로 접근하면 안 된다.

부동산 투자에 성공하기 위해 기본적으로 체크해야 할 것이 세 가지 있다.

우선 도시기본계획이라는 게 있다. 생활권 설정 및 인구배분계획, 토지이용계획, 교통 및 정보통신계획, 공공시설계획, 도심 및 주거환경계획, 경관 및 미관, 공원 녹지계획 등 도시의 미래계획이 정리되어 있다. 이를 잘 활용하면 부동산시장에 효율적으로 대처할 수 있게 된다.

두 번째로 용적률과 부동산 가치를 알아야 한다. 예를 들어 100제곱미터, 즉 33평의 땅이 있는데 용적률이 100%라면 그 땅에다가 33평의 집밖에 못 짓는 것이다.

만약 용적률이 200%라면 66평을 지을 수 있고, 300%면 99평을 지을 수 있다.

내가 33평의 땅을 가지고 있는데 용적률을 나라에서 100%에서 200%로 올려준다면 집을 하나 더 지을 수 있는 것이다. 땅값은 지역마다 다르지만 건축비는 어느 지역에서 짓든 다 똑같다. 그렇기 때문에 용적률은 투자수익률과 직결된다. 용적률이 높을수록 수익도 커진다.

세 번째로 확인해야 할 것은 입지와 교통망 계획이다. 입지가 좋은데 교통망 계획이 있고 용적률까지 높다면 최적의 투자 대상이 된다.

## 지역별 적정 매수 시기

금리상승기라면 시장을 좀 더 지켜보고 결정하는 것이 거시적 판단이다. 항상 미시경제보다 거시경제가 더 강력하다. 큰 흐름은 바꿀 수 없기 때문이다.

또한 지역 입주 물량이 과다하면 인근주택 가격은 무조건 하락한다는 걸 기억하자. 이 점을 잘 활용하려면 미리 공인중개사와 친해놓는 것이 좋다. 지금은 돈이 없지만 1년 뒤에 집을 살 예정이니 그때 잘 부탁드린다고 해 놓는 것이다. 집이 남아도는 시기가 되면 공인중개소에서 알아서 연락을 해올 것이다. 이 시기에는 매수자가 왕이 된다. 저금리 시기는 이미 지났지만 고정금리로 20, 30년 이고 내가 부담할 수 있는 선이라면 괜찮다. 단 고금리 때 는 움직이면 안 된다.

앞서 금리인상피봇에 대해 설명했다. 향후 미국 물가가 조금 잡혀서 금리 인상하는 걸 일단 멈추면 6개월에서 1년은 지켜봐야 한다. 금리 인상이 멈췄다고 섣불리 덤비 면 안 된다. 그 후 경제 상황에 따라 더 올릴 수도 있기 때 문이다. 이는 미국의 경제 침체의 역사에서 다 확인된 사 실이므로 절대 간과하지 말아야 한다.

평소에 '부동산 지인' 같은 포탈을 활용해서 입주물량 을 확인해야 한다. 입주물량이 많으면 주택가격은 하락조 정되기 때문이다.

재개발 지역의 매매 적정 시기도 궁금할 것이다. 재개 발 재건축은 기본적으로 노후 주택이 많아야 가능한 일 이다. 재개발에는 안전진단이 없고 노후화 비율이 60%를 넘으면 재개발 대상이 된다.

그런데 노후화 비율을 어떻게 알 수 있을까? '부동산

플래닛'이라는 앱을 활용할 수 있는데, 안타까운 건 이 앱이 유료라는 것이다. 여러 명이 모여서 앱 비용을 분담하고 공유하는 것도 방법이다. 만약 5년 뒤에 돈이 생길 것 같다면 5년 뒤에 노후화 비율이 60%가 넘는 집을 찾아보는 것도 좋은 방법이다.


## 부동산 투자에도 리스크 관리가 필요하다


리스크관리에 대해서도 알아보자. "관리할 수 있는 리스크가 리스크냐?"라고 말하는 사람도 있는데 관리를 안 하면 큰 사고가 나지만 관리를 잘하면 사고를 미연에 방지할 수 있다.

주식 시장에서 "한 바구니에 달걀을 담지 마라"는 말을 들어봤을 것이다. 리스크관리를 위해 분산투자를 하라는 말이다. 주식보다 단위가 더 큰 게 부동산이니 절대 주먹구구식으로 투자해선 안 된다. 자산이 50억 원이라 3억 원 정도 투자하는 데는 부담이 없다면 모를까, 전 재산이 3억 원인데 그걸 다 쏟아부으면서 리스크관리를 안 한다면 정상적인 투자가 아니다.

지금처럼 금리 인상기를 대비해 금리 인상을 예측할 수 있는 능력을 갖춘 후 본인이 부담할 수 있고 리스크관리가 가능한 선에서 투자하면 된다. 내 능력 이상으로 투자해서는 안 된다.

결론적으로 경제 호황기와 불황기에 따른 타임 갭, 즉 시간 차를 예측하는 능력을 갖춰야 한다. 호황기와 불황기는 계속 온다. 이게 자본주의의 한계이기도 하다. 전 세계가 이것을 학습했기 때문에 여러 정책과 대안을 내놓지만, 앞으로도 호황기와 불황기가 반복될 것이다. 그리고 기득권층은 이 갭을 이용해서 자산을 불린다.

2008년 글로벌 금융위기 때 미국이 힘들어지니까 나서서 G20을 모아 바젤3 협약을 맺었다는 것이다. 이 협약에서는 금융위기 재발을 막기 위해 은행자본 건전화 방안을 담았다. 자기자본이 없고 상환능력이 없는 고객에게 대출하지 못하도록 자본 규제를 세분화하고 항목별 기준치를 상향 조절했다. 또 보험사나 증권사들의 과잉 대출을 막기 위한 제도인 국제회계 기준을 뒀다. 이 기준을 따르는 나라끼리는 서로 돈을 빌릴 때 이자를 2%로 한다면 안 따르는 나라는 국제사회에서 금융거래 및 자금조달에 있어 불이익을 받을 수 있다고 보면 된다.

이 협약이 2023년부터 시행되고 있다. 즉 예전같이 과도한 대출을 할 수 없게 된 것이다. 조만간 전세대출도 DSR(총부채원리금상환비율)이 적용될 수도 있을 것이다. 이 말은 앞으로는 예전보다 상승의 폭이 적을 수밖에 없다는 뜻이다. 앞으로 2015~2022년 부동산 폭등과 같은 시대는 오기 힘들다는 것을 인식하고 부동산 시장에 대처하는 것이 합리적이다.

## 03
# 부동산 상승과 하락을 예측하는 법

**부동산 상승과 하락을 예측하는 간단한 방법**

지금까지 설명한 것을 실행하기가 너무 어렵고 귀찮은 사람도 있을 것이다. 일단 경제적으로 힘든 이 시기에 하루하루 일하고 생활하기에도 바쁘고 힘들다. 그런 사람들을 위해 다음 표를 준비했다. 이 표만 인쇄해서 책상에 붙여놓길 바란다.

다음 페이지에 나오는 표는 거래량, 전세가, 미분양의 증가와 감소에 따라 집값이 상승 혹은 하락하는 관계를

| 부동산 상승과 하락 예측 | | |
|---|---|---|
| 구분 | 증가/상승 | 감소/하락 |
| 거래량 | 상승장 | 하락장 |
| 전세가(전세가 비율) | 상승장 | 하락장 |
| 미분양 | 하락장 | 상승장 |

나타낸 것이다. 표에서 보듯 거래량이 줄어들면 전세 가격이 하락하고 미분양이 늘어나면 무조건 하락장이다. 그 반대면 다 상승장이다.

지금 상황을 이 표에 동그라미로 표시해보라. 거래량 하락-전세가 하락-미분양 하락일 수도 있고, 하락-하락-상승일 때도 있을 것이다. 하락장이 계속되고 하락 요소가 여전히 두 개가 존재한다면 관망하다가 하락 요소가 하나밖에 없으면 준비를 해야 한다. 그리고 상승 요소가 두 개가 되면 시장에 접근해야 한다. 이처럼 상승과 하락을 예측할 수 있다.

경매지표를 통해서도 시장전망을 예측할 수 있다. 경매지표에는 세 가지가 있다. 낙찰률, 낙찰가율, 응찰자 수.

검색창에다 '경매 지표' 혹은 '낙찰률'을 쳐보면 뉴스가 좀 뜰 것이다. 뉴스 중에 이미지가 있는 걸 보면 흐름을 한눈에 볼 수 있다. 경매에 물건이 100개가 나왔는데 5개가 낙찰됐다면 낙찰률은 5%다. 물건이 100개가 나왔는데 100개가 다 낙찰됐다면 낙찰률은 100%다. 그러니까 낙찰률이 높을수록 시장이 좋아지고 낮을수록 안 좋아진다는 뜻이다. 낙찰률의 점과 점이 이어지면 선이 되고, 그 선의 흐름은 곧 시장의 방향을 나타낸다.

그럼 낙찰가율은 뭘까? 예를 들어 경매가 1억 원에 나왔는데 가격이 내려갈 것 같으면 사람들이 1억 원을 주고 살까? 아니다. 8천만 원에 살 것이다. 그러면 낙찰가율은 80%가 된다. 만약 낙찰가율이 70%, 60%로 점점 내려간다면 시장이 안 좋아지는 것이다.

마지막 응찰자 수도 봐야 한다. 경기가 좋아서 사람들이 서로 살려고 하면 응찰자 수가 많을 것이고, 반대로 시장이 안 좋으면 경매에 참여하는 사람의 수도 적어질 것이다.

이 세 가지를 경매 3대 지표라고 한다. 경매에 관심 있으면 경매 법정에 들어가서 보는 것도 좋다. 아무것도 몰라도 경매 법정에 가보면 경매가 어떻게 돌아가는지 보이기 시작한다. 아무나 들어갈 수 있으니 두려워하지 말고 참석해보자. 한 30분만 봐도 경매를 10년은 한 것 같은 느낌이 들 것이다.

멀리서 보면 너무 멋있는 옷인데 가까이 가서 보니까 어제 먹다가 묻은 것들이 다 보인다면 이 옷은 깨끗한 게 아니다. 반대로 멀리서 볼 때는 깨끗한지 모르겠는데 자세히 보니까 너무 깨끗하다면 그건 깨끗한 것이다. 그러므로 거시경제뿐 아니라 국내의 미시적 요소도 함께 살펴야 한다.


## 경제지표에 주목하자

3부에서 설명한 내용들이 결국에는 부동산을 예측하기 위해 살펴야 하는 것들이다. 금리, 환율, 경제지표 등은 거시적인 것으로 선행적 변수라면 국내 정부의 정책, 분양과 입주물량 등은 미시적 요소로 후행적 변수다. 금리가 상승하면 이자가 늘어나고, 이자가 늘어나면 집 살 능력이 줄어든다. 그럼 주택 가격이 안 팔리니까 집값이 하락한다. 이걸 하방 압력이라고 한다. 금리가 하락하면 반대로 상방 압력을 받게 된다.

**금리 상승** → 이자 부담 증가 → 수요 감소 → 주택 가격 하방 압력 → 하락

**금리 하락** → 이자 부담 감소 → 수요 증가 → 주택 가격 상승 압력 → 상승

그럼 환율이 높아지면 어떻게 될까? 수입 물가가 올라간다. 그리고 물가가 오르면 중앙은행이 하이퍼인플레이션을 막기 위해서 금리를 올린다는 걸 앞서 설명했다. 그러므로 금리와 환율이 상승하면 아파트든 집이든 비트코인이든 모든 자산가격은 하락한다고 보면 된다.

**환율 상승** → 수입 물가 상승 → 물가 상승 → 금리 상승 → 가처분소득 감소 → 하방 압력

**환율 하락** → 수입 물가 하락 → 물가 하락 → 금리 인하 → 가처분소득 증가 → 상방 압력

정책 규제의 중요성에 대해서도 다시 한번 강조하고 싶다. 여기서는 공급 확대가 제일 큰 변수다. 축구로 말하자면 나머지 변수는 교체 선수 하나 들어간 정도지만 공급 변수는 선수를 다섯 명 바꾼 정도의 효과를 낸다.

공급엔 장사가 없다. 예를 들어 사과가 엄청나게 많이 나오면 품질이 좋든 안 좋든 가격이 싸진다. 부동산도 마찬가지다. 앞에서 설명한 주택구입부담지수, 소득 대비 주택 가격비율을 확인해야 한다.

또한 KB와 한국부동산연구원이 매수우위지수를 발표한다. 사는 사람이 100명이고 파는 사람도 100명일 때 매수우위지수는 100이 되고, 사는 사람이 50명이고 파는 사람이 100명이면 매수우위지수가 50으로 떨어진다. 그래서 100을 기준으로, 100 이하면 매수 우위 지수가 작아지면서 매수자들이 우위에 서게 된다. 반대로 100이 넘으면 매도자가 우위에 선다. KB 기준으로 지금은 이 지수가 20 정도니까 엄청난 매수 우위 시장이다.

그리고 '금융취약성지수'라는 것이 있다. 이것은 한국은행에서 발표하는 것으로, 주식, 채권, 부동산 세 개 분야로 나누고, 각각을 다시 세분해 총 39개 분야의 데이터를 추출해 산출해낸 지수다. 신뢰도가 높은 편이고 시장 상황을 보는 데 큰 도움이 된다.

글로벌 변수로는 소비자물가지수, 소비자심리지수, 재고관리지수 등을 보면 좋다. 또 발틱운임지수라고 해서 벌크선 종합 시황을 보여주는 수치가 있다. 경기가 좋으면

| 참고하면 좋은 경제지표 | |
|---|---|
| HAI | 주택구입부담지수 |
| PIR | 소득대비주택 가격비율 |
| PCE | 소비자지출가격지수 |
| 매수우위지수 | KB, 한국부동산연구원 |
| FVI | 금융취약성지수-한국은행 |
| CPI | 소비자물가지수 |
| PCE | 소비자지출가격지수 |
| PMI | 구매자관리지수 |
| CSI | 소비자심리지수 |
| BDI | 발틱해운임지수 |
| K-VIX | 변동성 지수(공포 지수) |
| Piketty - index | 피케티 지수 |

물건을 서로 실으려고 해서 운임이 올라가니까 발틱운임 지수가 올라간다. 반대로 지수가 내려오면 경기가 안 좋 아진다는 뜻이다.

피케티 지수도 참고하면 좋다. 프랑스 경제학자 토마 피 케티가 쓴 《21세기 자본》에 나오는 것으로, 그 사회의 불 평등 정도를 나타내는 지수다. 자산 가치를 국민 소득으 로 나눈 값으로, 이 지수가 높을수록 근로소득보다 자본 소득이 더 많다는 뜻이다. 그래서 양극화가 극심하고 기득권이 더 부를 누리려고 하는 나라는 이 수치가 높아진다. 일본이 피케티 지수 6.9일 때 버블이 터졌고 이탈리아가 7일 때 터졌다. 미국도 6 정도일 때 터졌다. 우리나라의 피케티 지수는 6.7 정도다. 이걸로도 경제가 어떻게 돌아가는지 좀 유추할 수 있다.

## 04
## 주택, 상가 경매, 재개발·재건축 상품별 필수 투자 전략

### 상가에 투자하려면 이것만은 살펴라

상가 경매는 간단하다. 입지 선정이 투자 성공의 60~70%를 차지한다. 임대수익 목적의 투자와 장사의 성패를 결정하는 요인이 입지이기 때문이다. 다만 온라인의 발전으로 기존 오프라인 상가의 수익성이 악화하고 있으므로 이 점을 고려해야 한다.

입지를 어떻게 판단해야 하는지 좀 더 자세히 알아보자. 우선 가로의 연속성이 있어야 한다. 퇴근길 정류장 가로가 우선이다. 또한 도시의 성장 속도를 봐야 한다. 쇠퇴기에는 조심하고 성숙기에 따른 가치효용을 판별하길 바란다.

그리고 아파트 단지 상가는 안전하다는 말을 하는데 그건 10년 전 얘기다. 요즘은 많이 변해서 700세대 정도 되어야 그 단지 안에서의 수요가 예전과 비슷해질 것이다. 왜냐하면 배달앱의 발달로 수요가 그쪽으로 많이 빠졌기 때문이다. 그래서 아파트 단지 상가가 예전만큼 수익률이 좋지는 않다.

그래서 작은 세대의 아파트 단지에 상가 투자는 조심해야 하고 권리금이 없는 상가는 피하는 게 좋다. 직접 들어가서 사업을 하지 않는 이상은 살리기가 쉽지 않기 때문이다.

그나마 권리금이 있는 상가는 유지가 된다. 권리금은 보통 1년 영업 매출이나 수익으로 환산한다. 그러므로 권리금이 있다는 건 영업이나 이익이 생긴다는 뜻이다. 반대로 권리금이 없다는 건 이익이 안 생긴다는 것이고, 그래서 매물이 나왔을 가능성이 크다. 싼 게 비지떡이라는 말이 상가 투자에 딱 맞는 말이다.

기본적으로 안정적인 상권은 직장인 밀집 지역이거나

대학교, 백화점, 입시학원 등이 근처에 있어야 한다. 반면 주위에 공원이 크게 있다든지 배후지가 단절됐다든지, 상가는 있는데 앞에 철도길이 있다든지 하면 상가투자로서는 부적합하다고 보면 된다.

## 경매는 저렴하지만 공부가 필요하다

이제 경매 투자 방법을 알아보자. 경매의 장점은, 유찰만 된다면 시세보다 저렴하다는 것이다. 만약에 1억 원짜리 물건이 경매에 나왔는데 하락기라서 아무도 안 샀다면 그다음에는 8천만 원부터 경매를 시작한다.

그리고 경매로 산 물건은 주택일지라도 대출 제한이 없다. 또한 보통 상가를 내면 부가세를 내야 하는데 경매로 받는 상가는 부가세를 안 낸다. 경매에 관한 정보는 공유가 많이 되고 대법원에서도 공표를 한다. 그래서 정보가 투명하다는 장점도 있다.

또한 주택의 경우에는 토지거래허가구역, 전매제한도 적용되지 않는다. 매매를 할 때 권리관계로 인한 분쟁에서도 자유로운 편이다. 선순위 이후 채권말소로 등기부등본을 정리하면 되기 때문이다.

그런데 등기부등본의 공신력이 부족해서 권리분석이 정리되지 않을 경우도 있어 주의해야 한다. 소유권 이전 담보가등기 등으로 인해 소송 분쟁의 소지가 있고, 임차인 명도 소송이나 대항력 등 문제가 생길 수 있다. 이처럼 등기부등본만 보고 경매했다가 낭패를 보는 경우도 있기 때문에 꼭 현장에 가봐야 한다.

앞에서 언급했듯 경매대리인을 활용하면 좋다. 동네에서 오래 활동한 공인중개사한테 경매대리인을 맡기면 그래도 믿을 만할 것이다. 아니면 10년 이상된 신뢰 있는 경매컨설팅 회사를 활용해도 된다.

만약 직접 공부한다면 시간이 좀 걸릴 것이다. 직접 학습할 때는 권리분석을 반드시 숙지해야 한다. 경매에 관심이 있다면 권리분석 교육을 받는 게 좋다. 권리분석을 숙지하고 나면, 스스로 경매를 할 수 있다.

## 재개발, 재건축은 용적률과 절차를 확인하라

재개발, 재건축의 경우에는 조합에서 분쟁이 있었는지

를 체크해야 한다. 분쟁이 있으면 10년, 20년 간다. 은마 아파트 같은 경우도 상가 조합이 있고 아파트 조합이 있는데 두 조합이 결성이 안 되어서 사업이 진행되지 않고 있다.

재개발, 재건축 건물의 경우 안전진단, 조합추진위, 조합 결성, 사업시행 인가, 관리처분 등 사업 절차를 거칠수록 가격이 오른다. 요즘 재건축 안전진단 완화로 인해 재건축 호재라는 기사들을 많이 보았을 것이다.

사실 안전진단 완화가 전체 재건축의 사업성이나 투자성에 큰 도움이 되는 것은 아니다. 단지 사업기간을 조금 줄이는 수준에 불과하다. 그러면 은마아파트는 일단 안전진단은 통과했으니 값이 올라야 정상인데 매물이 120개에서 140개로 늘고 가격은 하락했다. 왜 그럴까? 조합이 완벽하지 못해서라는 예측을 할 수 있다. 어느 현장이든 조합이 상태가 좋은지를 봐야 한다. 그건 어떻게 알 수 있을까? 근처 공인중개사분들한테 가서 '여기 조합에서 갈등이 생긴 적 있는지' 툭 물어보면 된다.

또한 추가분담금에 대해 사전에 확실히 추정해야 한다. 그리고 해당 투자 지역의 순환개발 순서를 예측해야 한다. 지자체는 재개발, 재건축 사업으로 인한 멸실주택이 일시에 집중될 경우 주택시장과 전세시장의 문제가 생기는 것을 방지하기 위해 사업순서와 속도를 조율하는 정책을 행한다는 점을 알고 투자하는 것이 좋다.

용적률도 중요하다. 현재 재건축 시 용적률이 200%인데 280%로 늘어난다면 공사비가 덜 든다. 조합에서는 과장해서 이야기할 수 있으므로 조합 측 제안에 대해서는 보수적으로 보고 지자체에 확인해야 한다. 지자체 및 국토부 재개발 재건축 정책 방향에 따라 사업의 변동성이 큰 단지는 피하는 것이 좋다. 이때도 앞서 말했듯 법 개정 건의 경우에는 가능성이 낮다는 것을 인지해야 한다.

부동산 정책에 대해서 예측 능력을 가지면 재개발 투자에 성공할 수 있다. 그러나 무리하게 투자해서는 안 된다. 물리면 기본 10년을 기다려야 하기 때문이다. 지금까지 설명한 사항들을 체크하고 큰 무리 없이 투자한다면 내 자산을 잘 지킬 수 있고, 더 나아가서 투자에 성공할 수 있을 것이다.

## 주요 키워드

### 갭투자

시세차익을 목적으로 주택의 매매 가격과 전세금의 차액(갭)이 적은 집을 전세를 끼고 매입하는 투자 방식이다. 매매 가격에서 전세금을 제외한 금액만 가지고 집을 매수해서 직접 살지 않고 임대를 주다가 집값이 오르면 매도에 차익을 실현한다.

### 주택구입부담지수 K-HAI, Korea-Housing Affordability Index

중위소득가구가 표준대출로 중간 가격 주택을 구입할 때 지는 대출 상환 부담의 정도와 추이를 나타내는 지수다. 주택금융공사가 매 분기 지역별·주택규모별로 공표하며, 주택금융의 상환 부담 수준을 보여준다.

### 주택담보대출비율 LTV, Loan To Value ratio

주택을 담보로 돈을 빌릴 때 인정되는 자산 가치의 비율을 뜻한다. 예를 들어, 주택담보대출비율이 60%이고, 3억짜리 주택을 담보로 돈을 빌리고자 한다면 빌릴 수 있는 최대금액은 1억 8천만 원(3억 원×0.6)이 된다.

### 총부채상환비율 DTI, Debt To Income

금융회사에 갚아야 하는 대출금의 원금과 이자가 개인의 연 소득에서 차지하는 비중을 뜻한다. 금융부채 상환능력을 소득으로 따져서 대출한도를 정하며, 담보 가치가 높더라도 소득이 충분하지 않으면 대출을 받지 못할 수 있다.

### 가구소득 대비 주택 가격비율PIR, Price to Income Ratio
연 소득을 하나도 쓰지 않고 모았을 때 주택을 구입하기까지 걸리는 기간을 뜻한다. 즉 가구의 주택 구입 능력을 나타낸다. 주택 가격을 가구 소득으로 나눠서 산정한다. 예를 들어, 가구소득 대비 주택 가격 비율이 10이라면 해당 가구의 10년 치 소득을 모아야 주택 한 채를 살 수 있다는 뜻이다.

### 금융취약성지수FVI, Financial Vulnerability Index
한국은행이 개발한 지표로 금융 시스템 내 잠재 취약성을 식별하기 위한 지수다. 금융불균형을 측정하는 자산 가격 및 신용 축적과 금융기관 복원력 등 세 가지 평가 요소 내 11개 부문과 39개 세부 항목으로 구성된다.

### 역전세난
주택 가격이 급락하면서 전세 시세가 계약할 시점보다 하락함에 따라 임대인이 임차인에게 보증금을 돌려주기 어려워진 상황을 뜻한다. 신규 입주물량의 증가로 전세 수요자가 줄어들면서 세입자를 구하기 어려운 상황을 가리키는 말로도 사용된다.

### 매수우위지수
부동산 시장에서 집을 팔려는 사람이 많은지, 아니면 집을 사려는 사람이 많은지 측정한 지수다. 0~200 사이에 분포하며 매수자가 많을수록 200에 가까워지고 매도자가 많을수록 0에 가까워진다.

## 금융자본주의

금융 부문의 비중이 커지고 금융자본이 경제를 지배하는 현상이 나타나는 자본주의의 형태다. 20세기 초반 독점자본주의의 한 형태로 등장했으며, 제조업 상품의 생산이나 교역보다 금융상품의 거래를 통한 이윤 창출이 더 커진 현대 경제의 특징이다.

## 지불준비율정책

중앙은행은 은행들이 예금자들의 예금 인출 요구에 대비해 총 예금액의 일정 비율 이상을 대출해줄 수 없도록 규정하고 있다. 이때 일정 비율을 법정지불준비율이라고 하는데, 법정지불준비율을 변경해서 통화량을 조절하는 것을 지불준비율정책이라고 한다.

**KI신서 10822**
# 더 크래시

**1판 1쇄 인쇄** 2023년 3월 15일
**1판 1쇄 발행** 2023년 4월 12일

**지은이** 한문도
**펴낸이** 김영곤
**펴낸곳** (주)북이십일 21세기북스

**인생명강팀장** 윤서진 **인생명강팀** 최은아 강혜지 황보주향 심세미
**디자인 표지** 장마 **본문** 푸른나무
**출판마케팅영업본부장** 민안기
**마케팅2팀** 나은경 정유진 박보미 백다희
**출판영업팀** 최명열 김다운
**제작팀** 이영민 권경민

**출판등록** 2000년 5월 6일 제406-2003-061호
**주소** (10881) 경기도 파주시 회동길 201(문발동)
**대표전화** 031-955-2100 **팩스** 031-955-2151 **이메일** book21@book21.co.kr

ⓒ 한문도, 2023

**ISBN** 978-89-509-1095-2 04300
     978-89-509-9470-9 (세트)

**(주)북이십일 경계를 허무는 콘텐츠 리더**

21세기북스 채널에서 도서 정보와 다양한 영상자료, 이벤트를 만나세요!

**페이스북** facebook.com/jiinpill21  **포스트** post.naver.com/21c_editors
**인스타그램** instagram.com/jiinpill21  **홈페이지** www.book21.com
**유튜브** youtube.com/book21pub

**서**울대 **가**지 않아도 들을 수 있는 **명강**의! 〈서가명강〉
'서가명강'에서는 〈서가명강〉과 〈인생명강〉을 함께 만날 수 있습니다.
유튜브, 네이버, 팟캐스트에서 '서가명강'을 검색해보세요!